얼음별로
떠나는
아이슬란드 여행

얼음별로 떠나는 아이슬란드 여행

지은이   김무진

초판 1쇄 발행   2024년 7월 30일

펴 낸 곳   인문산책
펴 낸 이   허경희

주   소   서울시 은평구 연서로 3가길 15-15, 202호(역촌동)
전화번호   02-383-9790
팩스번호   02-383-9791
전자우편   inmunwalk@naver.com
출판등록   2009년 9월 1일

ISBN 978-89-98259-45-7   03920

값은 뒤표지에 있습니다.

의식의 흐름을 따라가는 불과 얼음의 나라

얼음별로 떠나는 아이슬란드 여행

김무진 지음

인문산책

차례

저자의 말_6

아이슬란드는 어떤 나라인가?_8   아이슬란드의 간략한 역사_9

아이슬란드 여행 준비_10   아이슬란드 지명 및 관광 명소 표기_11

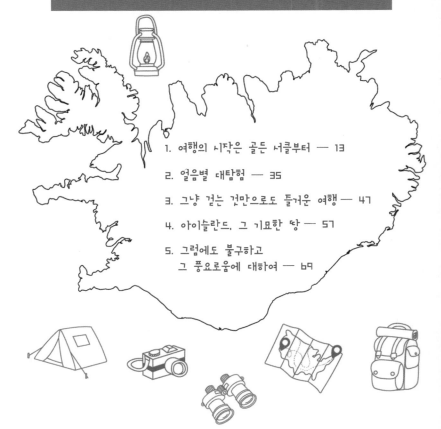

1. 여행의 시작은 골든 서클부터 — 13

2. 얼음별 대탐험 — 35

3. 그냥 걷는 것만으로도 즐거운 여행 — 47

4. 아이슬란드, 그 기묘한 땅 — 57

5. 그럼에도 불구하고
    그 풍요로움에 대하여 — 89

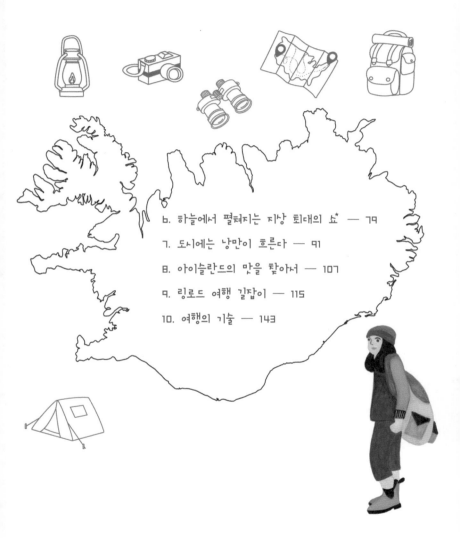

6. 하늘에서 펼쳐지는 지상 최대의 쇼* — 79

7. 도시에는 낭만이 흐른다 — 91

8. 아이슬란드의 맛을 찾아서 — 107

9. 링로드 여행 길잡이 — 115

10. 여행의 기술 — 143

아이슬란드에서는 상상이 현실이 된다

어렸을 때부터 작가를 꿈꿨다. 비록 현실을 좇아 직장인이 되었고, 결국에는 한국과 미국, 헝가리와 영국의 4개국에서 일하는 비현실적인 삶을 살게 되었지만, 돌아보면 항상 '글'이 있었다. 해외에서의 삶은 낭만적이지만 꽤나 힘이 든다. 그렇게 힘이 들 때마다 나를 지탱해준 것은 나의 가족과 나의 글이었다.

소설도 써보고 시도 써보고 개똥철학도 써봤지만, 결국 '브런치'라는 블로그로 내면의 합의를 보았다. 그렇게 꾸준히 여행기와 이런 저런 글들을 써왔다. 어떤 글은 다음 메인에 걸리면서 조회수가 수만이 넘어가기도 했지만, 그냥 저냥 읽히는 블로그에 불과했다.

그러나 〈월터의 상상은 현실이 된다〉에서처럼 아이슬란드에서 상상이 현실이 되었다. 아이슬란드 여행기를 보고 출판사에서 책을 만들어보자고 연락해 온 것이다. 그렇게 작가가 되는 상상이 현실이 되고 말았다.

다시 한 번 부족한 글을 출판할 수 있게 기회를 주신 인문산책 허경희 대표님께 감사를 드리며, 또한 하늘에 계신 어머니와 지금도 고생하시는 아버지께 감사를 전한다. 전 세계 방방곡곡을 따라다니며 고생을 하고 있는 아내와 내 삶의 보물이자 목표인 사랑하는 딸 루나에게 이 책을 바친다.

2024년 7월 런던에서
김무진

아이슬란드는 어떤 나라인가?

1. 국가 명칭 : 아이슬란드 공화국(Republic of Iceland)
2. 언어 : 아이슬란어
3. 수도 : 레이캬비크
4. 인구 : 343,518명(2018년 기준)
5. 기후 : 해양성 기후
6. 종교 : 루터교(67%), 로마 가톨릭(4%), 기타
7. 건국일 : 덴마크로부터 주권을 인정 받은 1918년 12월 1일
8. 통화 : 크로나(Krona)
9. 국토 면적 순위 : 아이슬란드(108위), 대한민국 (109위)
10. 시차 : 수도 레이캬비크와 서울과의 시차는 9시간
11. 아이슬란드 여행 관광청 : http://www.visiticeland.com/
12. 아이슬란드 날씨 : http://www.vedur.is/english
13. 아이슬란드 도로 정보 : http://www.vegagerdin.is/english

아이슬란드의 간략한 역사

- 870년 : 스웨덴의 바이킹 탐험가 가르다르 스바발손(Garðar Svavarsson)이 아이슬란드를 최초로 일주
- 874년 : 노르웨이 출신 잉골푸르 아르날손(Ingólfur Arnarson)이 가족과 함께 현재의 수도인 레이캬비크에 정착하면서 시작
- 930년 : 공화국 형태의 헌정 시스템을 구축되고, 세계에서 가장 오랜 역사를 갖는 의회(Althingi)가 도입
- 936년 : 그린란드를 개척하여 식민지화 함
- 999~1000년 : 기독교 수용
- 1262년 : 노르웨이 왕국에 편입됨
- 1397년 : 노르웨이, 스웨덴, 덴마크 간 칼라르 동맹이 결성되면서 아이슬란드는 덴마크의 영향력 하에 들어감
- 1402~1404년 : 3년 동안 흑사병이 창궐하여 인구의 40~60%가 사망
- 1494~1495년 : 흑사병으로 인구의 30~50%가 사망
- 16세기 : 덴마크 크리스탄 3세에 의해 루터교가 강제 전파되어 아이슬란드는 공식적으로 루터교를 받아들임
- 1783년 : 화산 폭발로 인한 가축 개체의 감소와 인구의 4분의 1이 아사하는 등 재앙을 맞음
- 1800년 : 아이슬란드의 의회가 덴마크에 의한 통제로 폐기됨
- 1843년 : 덴마크로부터의 독립운동과 함께 의회가 복구됨
- 1850년 : 독립영웅인 얀 시구르드손(Jón Sigurdsson)의 주도로 독립운동이 거세게 일어남
- 1874년 : 덴마크로부터 아이슬란드의 헌법과 국내 법률이 인정됨
- 1918년 12월 1일 : 덴마크-아이슬란드 연합 협정이 체결되어 아이슬란드는 완전한 주권 국가로 인정됨

아이슬란드 여행 준비

1. 유효 기간 확인된 여권과 관광 무비자(90일까지)
2. 항공권 구입 정보
   - 한국에서는 직항편이 없어서 유럽에서 1회 이상 환승해야 한다.
   - 최단 환승편은 핀에어로 헬싱키 경유 아이슬란드로 입국하는데,
     최소 편도 20시간 걸리는 최적 노선이다. (왕복 130~170만 원 정도)
   - 런던, 파리, 암스테르담 등 직항이 있는 나라에서 직접 별도 항공권을 끊을
     경우는 추가 비용이 더 든다. (왕복 150~200만 원 정도)
3. 의류
   - 방수 바람막이 겉옷(모자 달린 것 추천)
   - 방수 등산화, 등산 장갑, 스키 장갑
   - 튼튼한 판초 우비(비가 옆으로 내리기 때문에 우산은 불필요하다.)
4. 숙박비
   - 수도 레이캬비크 기준 20만 원
   - 호스텔, 게스트하우스 1박 기준 10만 원
   - 민박 기준도 15만 원 정도 예상해야 함
5. 식비
   - 저렴한 한 끼 식사 3만 원
   - 휴게소 햄버거 2만 원
6. 투어비
   - 종일(10~12시간) 투어 패키지 : 10~15만 원 정도
   - 오로라 투어(4시간 정도) : 10만 원
7. 렌트비
   - 일 평균 7~13만 원
   - 레이캬비크 시내 기본 택시비 : 7천 원
8. 오로라 관측 시기 : 9월~4월

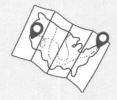

아이슬란드 지명 및 관광 명소* 표기

■ 지명

레이니스드랑가(Reynisdrangar)
레이캬비크(Reykjavik)
미바튼(Myvatn)
블론듀오스(Blönduós)
비크(Vik)
세이디스피외르뒤르(Seyðisfjörður)
스카프타펠요쿨(Skaftafellsjökull)
스캴판다플리오트(Skjálfandafljót)
시글뤼피외르뒤르(Siglufjörður)
아르나르스타피(Arnarstapi)
아스뷔르기(Ásbyrgi)
아퀴레이리(Akureyri)
에이릭스스타디르(Eiríksstaðir)
에이일스타디르(Egilsstaðir)
요쿨살론(Jökulsárlón)
키르큐펠(Kirkjufell)
트롤라스카기(Tröllaskagi)
헤틀나르(Hellnar)
호프소스(Hofsós)
회픈(Höfn)
후사비크(Húsavík)

■ 관광 명소

게이시르(Geysir) : 간헐천
고다포스(Goðafoss) : 폭포
굴포스(Gullfoss) : 폭로
그리오타이아오(Grjótagjá) : 동굴
데티포스(Dettifoss) : 폭포
듀팔론스산뒤르(Djúpalónssandur) :
　검은 해변
디르홀레이(Dyrhólaey) : 해안 절벽
딤무보르기르(Dimmuborgir) : 돌산
바튼쉘리르(Vatnshellir) : 용암 동굴
블루 라군(Bláa Lónið) : 온천
비트나요쿨(Vatnajökull) : 빙원
셀랴란드스포스(Seljalandsfoss) : 폭포
스카프타펠(Skaftafell) : 빙하
스코가포스(Skógafoss) : 절벽 폭포
싱벨리어(Þingvellir) : 국립공원
케리드(Kerið) : 분화구
크라플라(Krafla) : 분화구
하우카달루르(Haukdælir) : 계곡
흐베리르(Hverir) : 지열 웅덩이

아이슬란드 링로드 여행 일정

후사비크
그리오타이아오
고다포스
데티포스
아퀴레이리
미바튼
딤무보르기르
에이일스타디르
세이디스피외르뒤르

아르나르스타피
골든 서클
바트나요쿨 국립공원
(스카타펠 국립공원)

바크쉘리르
동굴
게이시르 굴포스
싱벨리어
국립공원
케리드
회픈
케플라비크
국제공항
레이캬비크
셀랴란드스포스
요쿨살론
다이몬드 비치
블루 라군
스코가포스
디르홀레이 아치
비크

1

여행의 시작은
골든 서클부터

매년 한 군데씩 해외로 여행을 가자.

그럼 죽을 때까지 50군데는 다녀올 수 있을 거야.

결혼하기 전 했던 약속 한 가지. 작은 소망처럼 했던 약속은 목표가 되었고, 한 해 한 해 지날수록 현실이 되고 추억이 되어간다. 미국 생활 2년 차에 접어들던 어느 날, 뭔가 특별한 것이 필요했다. 그래서 다녀왔다. 불과 얼음의 나라 아이슬란드에.

우리의 아이슬란드 여행은 아이슬란드의 가장 유명한 여행지를 잇는 골든 서클(Golden Circle)부터 시작한다. 골든 서클은 싱벨리어(Þingvellir) 국립공원, 게이시르(Geysir) 간헐천, 굴포스(Gullfoss) 폭포, 이렇게 세 관광지를 묶어 부르는 명칭이다. 아이슬란드를 방문한 관광객의 대부분이 골든 서클을 무조건 관람하고 돌아간다고 해도 무방한데, 수도인 레이캬비크(Reykjavik)와 비교적 가까운 것도 인기에 한몫했을 것이다.

지구의 숨결이 느껴지는 싱벨리어 국립공원

새벽 4시에 공항에 도착한 우리는 캠퍼밴(의자를 펴면 침대가 되어 잘 수 있도록 개조한 미니밴)을 픽업하고 주의사항을 숙지한 후 바로 싱벨리어 국립공원으로 향했다. 싱벨리어 국립공원은 유라시아 대륙판과 북아메리카 대륙판이 접하고 있는 지역이다. 지각운동 결과 지금의 웅장하고도 신비한 모습이 되었는데, 지금도 지각운동이 일어나고 있다고 한다.

우리가 도착했을 때는 이른 시간이어서 그런지 사람이 거의 없었다. 아마 성수기인 7~8월에 왔다면 이른 시간에도 관광객이 북적였을 것이다. 주차를 하고 추적추적 내리는 비를 맞으며 싱벨리어 국립공원에 들어서자 웅장한 협곡이 우리를 맞이했다.

나중에 알게 된 사실이지만 싱벨리어 국립공원은 세계 최초의 의회가 열린 곳으로, 유네스코 세계문화유산에도 등재되어 있다고 한다. 930년부터 1798년까지 이곳에서 야외 의회가 계속되었다. 930년이면

아이슬란드 바이킹들의 알싱(Althing)을 묘사한 그림

통일신라 말기인 것을 생각해 보면, 의회의 역사가 얼마나 오래되었는지 알 수 있다.

아이슬란드의 바이킹(Vikingar: 북게르만족 노르웨이인으로 스칸디나비아 반도로부터 9세기경 아이슬란드에 들어와 정착했다)들은 '알싱(Althing)'이라는 의회를 통해 중요한 의사결정을 내렸다고 한다. 물론 거친 바이킹 전사들의 의회이니만큼, 우리가 생각하는 의회와는 많이 다를 것 같다. 주먹과 고성이 오갔을지도 모른다. 그렇게 생각해 보니 그리 다르지 않은 것 같기도 하다.

옥스포드 사전에 따르면, 예전에 'Thing'이라는 단어에는 '회의', '안건' 등의 의미가 있었다고 한다. 이는 아이슬란드 바이킹들의 '알싱(Althing)'에서 기원한 것으로, Thing은 또한 영어 단어 Something(의미가 있는 것), Nothing(아무것도 없는 것) 등의 어원이 되었다고 한다.

오늘날의 영어에서 Thing은 더 이상 회의를 의미하지 않지만, 북유럽 국가에서는 여전히 Thing이 회의라는 의미를 가지고 있다. 예를 들어 그린란드의 의회는 여전히 'Landsting'이라고 불리는데, 그린란드 땅의 의회라는 의미를 가지고 있다. 덴마크도 예전까지 의회를 Landsting이라 불렀고, 노르웨이에서는 Storting이라 불렀다.

거친 전사들인 바이킹이 현대 민주주의의 핵심이라 할 수 있는 의회의 시초였다니, 참 재미있는 일이 아닐 수 없다. 어떻게 보면 척박한 북유럽의 환경에서 살아남기 위한 어쩔 수 없는 선택이 아니었나 싶다. 척박한 땅이다 보니 한 사람 한 사람이 중요한 자원이었고, 폭력을 수반한 의사 결정은 늘 소중한 인적 자원의 손실을 가져왔을 것이다. 그래서 폭력을 제한하

눈길을 사로잡았던 싱벨리어 국립공원의 하얀 집들

는 의회라는 형식의 합의체가 발전한 것이 아니었을
까. 물론 천 년도 더 지난 일이다 보니 지금의 우리로
서는 그저 상상만 해볼 뿐이다.

　협곡을 지나면, 오른쪽 평원 위에 하얀 건물들이 보
인다. 아이슬란드 총리의 여름 별장과 공원 관리인의
집이라고 한다. 국립공원 한가운데의 하얀 집들이 예
쁘게 보였지만, 속세에 찌든 우리는 인터넷은 잘 터질
지, 전기는 잘 들어올지 걱정부터 했다.

싱벨리어 국립공원에는 멋진 협곡과 그림 같은 풍경이 있었지만, 특별히 할 일이 많지는 않았다. 첫날 골든 서클을 정복하고 다음 행선지로 이동해야 했기에, 멋진 풍경을 열심히 카메라에 담은 후 TV 예능 프로그램인 〈꽃보다 청춘〉에도 나와 유명해진 게이시르(Geysir)로 향했다.

치명적인 매력의 게이시르 (사진 출처: viator.com)
진짜 치명적이라 들어가면 몸이 녹아버린다고 한다.

시원하게 터지는 그레이트 게이시르의 온천수 (사진 출처: viator.com)

영어로는 게이셔(Geyser)라고도 하는 게이시르는 하루에도 수십 번씩 물을 뿜어내는 것으로도 유명하다. 아이슬란드에는 130여 개의 화산이 있고, 그중 30여 개가 활화산이다. 활발한 화산 활동 때문에 아이슬란드 전역에 온천을 비롯한 간헐천들이 있다고 하는데, 수만 년 된 빙하와 뜨거운 간헐천들이 함께 있는 것을 보면 아이슬란드를 왜 '불과 얼음의 나라'라고 부르는지 알 수 있었다. 얼음의 땅이라고 하지만 이 섬을 만든 것은 끓어오르는 불이었던 것이다.

특히, 가장 큰 게이시르인 그레이트 게이시르의 경

우 온천수가 최대 70미터 상공까지 분출된다고 하는데, 나올 듯 말 듯 감질나게 하다가 한 번에 뿜어져 나오는 온천수를 보면 카타르시스가 느껴졌다.

지질 활동에 따라 게이시르의 활동도 변화해왔다고 한다. 과학자들에 따르면 게이시르는 최소 만 년 이상 물을 뿜어왔으며, 특히 19세기에는 무려 170미터 상공까지 물을 분출한 기록이 있다고 한다. 50층 아파트가 170미터 정도 된다고 하니, 엄청난 장관이었을 것이다. 지금은 그 정도까지는 아니지만, 2000년도에도 122미터 높이까지 물을 뿜은 적이 있다고 한다.

아이슬란드에 커피 붐이 일고 있다고 하는데, 그래서인지 게이시르 관광안내소에서 마신 커피조차 상당히 맛있었다.

아이슬란드의 깨끗한 공기 판매 중

유네스코 세계자연유산인 게이시르 간헐천 지대의 앞쪽에는 관광안내소 겸 편의시설이 있는데, 아이슬란드 여행 중에 보았던 관광안내소 중에 가장 시설이 좋았다. 식당과 카페는 물론이고 각종 기념품들을 판매하고 있었는데, 그중에 이상한 캔 하나가 시선을 끌었다. 바로 아이슬란드의 깨끗한 공기를 담아 팔고 있었던 것. 대동강 강물을 팔았던 봉이 김선달의 현대판 버전이라고나 할까. 이것이야말로 무에서 유를 창조하는 진정한 창조경제가 아닌가 싶었다.

아이슬란드 공기 캔의 대척점에는 또 다른 창조경제의 산물이 있으니, 바로 이탈리아의 전위예술가 피에로 만초니(Piero Manzoni, 1933~1963)의 〈예술가의 똥〉이라는 작품이 그것이다. 아이슬란드에서 보았던 캔에는 깨끗한 공기가 담겨 있다면, 피에로 만초니의 캔에는 바로 그의 대변이 담겨 있다.

피에로 만초니의 〈예술가의 똥〉

피에로 만초니는 "니 작품은 똥이야!(Your work is shit!)"라는 아버지의 말에서 영감을 얻었다고 한다. 그는 곧바로 자신의 대변을 담은 90개의 캔에 '예술가의 똥, 정량 30그램, 원상태로 보존됨. 1961년 5월 생산되어 깡통에 넣어짐'이라는 문구를 4개 국어로 적어 출품했다.

자국민들에게까지 자본주의의 폐해라며 비판받았던 아이슬란드 공기 캔과는 달리, 대중들은 피에로 만초니의 작품에 열광했다. 21세기는 캔 하나에 10만 달러, 우리 돈으로 1억 원이 넘는 돈에 거래되고 있으며, 최고가는 2016년 8월 밀라노에 경매에서 기록한 27만 5천 유로, 우리 돈으로 약 3억 원이었다.

아이슬란드 공기 캔과 피에로 만초니의 대변 캔에

는 '캔에 담긴 농담'이라는 점 외에도 공통점이 하나 더 있으니, 바로 여는 순간 가치가 사라져버린다는 것이다. 공기 캔을 여는 순간 20유로의 비싼 공기 캔은 그냥 빈 캔이 되어버리고, 대변 캔은 여는 순간 작품 가치를 상실해버린다.

한 미술 단체가 너무 궁금한 나머지 소장하고 있던 피에로 만초니의 대변 캔 하나를 열었는데, 그 안에는 대변이 아닌 또 다른 캔 하나가 들어 있었다고 한다. 피에로 만초니의 지인들에 따르면 캔 안에는 대변이 아니라 그냥 회반죽 덩어리가 들어 있다고 하지만, 더 이상 확인을 거부한 미술 단체 때문에 진실은 알 길이 없다.

앤디 워홀(Andy Warhol, 1928~1987)의 "일단 유명해져라. 그러면 똥을 싸도 사람들이 박수를 쳐줄 것이다"라는 말이 떠오르는 작품이 아닐까 싶다. 그런데 앤디 워홀은 이 유명한 말을 한 적이 없다. 과연 무엇이 진실이고 거짓인 것일까.

따뜻한 커피 한 잔을 뒤로 하고 우리는 골든
서클의 마지막 목적지인 굴포스(Gullfoss) 폭포로 향했
다. 아이슬란드에는 포스(Foss)라고 불리는 지명이 상
당히 많은데, 포스란 다름 아닌 폭포를 의미한다.

굴포스 폭포 전경

굴포스는 고다포스(Goðafoss), 데티포스(Dettifoss)와 함께 아이슬란드 3대 폭포라고 불리는데, 과연 유량뿐만 아니라 모양도 빼어나 보는 재미가 상당했다. 물론 예전 미국 여행에서 보았던 나이아가라 폭포에 비하면 작은 규모였지만, 시원한 물살을 보고 있으면 속이 뻥 뚫리는 기분이 드는 게, 굴포스가 아니라 젤포스(?)라도 되는 것 같았다.

영화를 보면 악당에게 쫓기던 주인공이 폭포 속으로 뛰어들어 목숨을 건지는 장면이 나온다. 악당은 폭포에서 뛰어내린 주인공을 보며, "이 높이에서 떨어지면 죽었겠지"라고 말하며 가버리는, 액션 영화에 자주 등장하는 클리셰라고 할 수 있는데, 굴포스를 보면 악당이 정말 그렇게 생각하는 것도 무리가 아니라는 생각이 들 정도로 물살이 거셌다. 과연 아이슬란드의 수많은 폭포 가운데 최고로 손꼽힐 만했다.

굴포스 폭포와 시그리오르

굴포스 폭포를 둘러싸고 흥미로운 이야기가 전해진다. 20세기에 이르자 아이슬란드 정부는 수력 발전소를 지어 굴포스의 낙차를 이용해 전기를 생산하고자 했다. 당시 굴포스의 소유주였던 토마스 토마손에게는 시그리오르라는 딸이 있었다. 그녀는 발전소 건설이 굴포스의 자연을 훼손할 것을 염려해 반대 시위를 주도했는데, 결국 굴포스 폭포에 그녀 자신의 몸을 던졌고, 그 덕분에 발전소 건설 계획이 취소되었다고 한다.

도시 전설처럼 내려오는 이야기이지만, 시그리오르는 실존 인물이고 실제로 굴포스 발전소 건설의 반대 시위를 주도한 인물이었다고 한다. 물론 내려오는 이야기와는 다르게 그녀는 폭포에 몸을 던진 적은 없고, 대신 굴포스 폭포에서 수도인 레이캬비크까지 75킬로미터 거리를 맨발로 걸으며 시위를 주도했다고 한다.

시그리오르 기념비

    결국 그녀는 그녀의 변호사이자 훗날 아이슬란드의
초대 대통령이 된 스베인 비요른손의 도움을 받아 발
전소 건설을 막고 굴포스를 대중에게 공개했다고 한
다. 전설이야 어떻든, 시그리오르의 노력 덕분에 오늘
날 굴포스의 아름다운 풍경을 감상하게 된 것은 사실
이다.

골든 서클 관람을 마치고 동쪽으로 차를 달려 이번에는 해안가 작은 마을인 비크(Vik) 근처의 검은 해변과 주상절리를 감상했다. 주상절리는 뜨거운 용암이나 갓 퇴적된 뜨거운 화산재 등이 급격하게 식으면서 형성되는 다각형 모양의 암석 기둥으로, 비크 근처에는 주상절리로 되어 있는 동굴이 유명했다.

주상절리와 같은 신비한 자연 풍경을 보면, 자연은 인간이 상상하기도 힘든 일을 오랜 시간을 들여 쉽게 해낸다는 생각이 들었다. 오늘 보았던 싱벨리어 국립 공원, 게이시르, 그리고 굴포스까지, 아이슬란드에서는 자연의 위대함이 너무나 가깝게 느껴졌다.

주상절리 동굴을 보고 코끼리 바위가 있는 디르홀레이(Dyrhólaey)라는 곳으로 향했다. 그곳에서 다른 관광객들과 함께 코끼리 바위 사진도 찍고, 검은 해변의 석양을 감상했다. 아이슬란드에서 처음 맞이하는 석양은 너무 아름다웠다.

검은 해변의 주상절리 동굴

카메라 셔터를 연신 누르게 만들었던 디르홀레이의 코끼리 바위

검은 해변에서의 노을을 끝으로 우리는 비크 근처의 캠핑장에서 숙박을 했다. 처음으로 해보는 차박(?)이라 준비하는 데 상당히 오래 걸렸는데, 갑자기 불어닥친 비바람 때문에 잘 준비를 마쳤을 때는 우리 둘다 녹초가 되고 말았다. 마침 다른 한국인 일행이 같은 캠핑장에서 묵고 있었는데, 그분들이 나눠주신 김치 덕분에 라면과 밥을 너무 맛있게 먹었다. 비록 비내리는 캠핑장 탁자 앞에 쪼그려 앉아 먹은 라면이었지만, 인생에서 먹었던 라면 중에 가장 맛있는 라면이었다.

잠을 청하려 캠퍼밴 안에 누웠을 때, 이 짓을 앞으로 9번이나 더 해야 한다는 사실이 충격으로 다가왔다. 그러면서도 피로에 지친 채로 건조한 히터 공기에 코가 막혀가며 간신히 잠에 들었다. 그렇게 첫날은 바쁘고 힘들게 지나갔다.

검은 해변에서 맞이한 아이슬란드의 첫 노을

아이슬란드 링로드 여행 일정

후사비크
그리오타이아오
고다포스
데티포스
아퀴레이리
미바튼
딤무보르기르
에이일스타디르
세이디스피외르뒤르
아르나르스타피
바크셸리르
동굴
게이시르   굴포스
싱벨리어
국립공원
케리드
바트나요쿨 국립공원
(스카타펠 국립공원)
레이캬비크
빙하 하이킹 투어
케플라비크
국제공항
셀랴란드스포스
보트 투어
회픈
스코가포스
요쿨살론
다이몬드 비치
블루 라군
디르홀레이 아치
비크

ㄹ

얼음별 대탐험

다음날 아침부터 바쁘게 움직여야 했다. 스카프타펠(Skaftafell) 국립공원에서 그토록 기대했던 빙하 하이킹 투어를 예약해놨기 때문이다. 부지런히 차를 달려 투어 사무실에 도착하자 따뜻한 커피와 함께 아이젠 같은 장비들을 건네준다. 어딜 둘러봐도 한국인은 우리뿐이다. 세계 어디를 가나 마주쳤던 그 많은 한국인 관광객들은 다 어딜 간 걸까?

영화 〈인터스텔라〉에 나왔던 스카프타펠 국립공원 빙하

스카프타펠 국립공원(2008년부터 바트나요쿨 국립공원의 일부가 됨)은 영화 〈인터스텔라〉에도 나왔던 빙하로 유명하다. 외계 행성의 배경으로 사용되었을 만큼, 빙하로 덮인 풍경은 세상 어디에서도 찾아보기가 힘들 정도였다.

투어 가이드에 따르면 오래된 빙하의 경우는 수만 년이 넘은 것들도 있다고 한다. 얼음의 평균 깊이는 380미터, 최대 깊이는 거의 1킬로미터에 달한다고 하니, 얼마나 커다란 규모인지 짐작조차 되지 않았다.

스카프타펠 빙하 하이킹의 첫 번째 규칙은 다름 아닌 가이드를 따라다니는 것. 얼음 사이에 갈라진 틈인 크레바스를 피하기 위함인데, 겨울철 비수기가 끝나면 가이드들은 빙하 위를 돌아다니며 안전한 길을 미리 찾아놓는다고 한다.

사실 이렇게 얼음 위를 한참 걷다가, 잠시 앉아서 쉬고 돌아오는 것이 투어의 전부였다. 듣기엔 지루할 것 같지만, 세상 어디에서도 쉽게 할 수 없는 진귀한 경험 덕분에 무척 만족스러웠다.

가이드 뒤로 빙하가 끝도 없이 펼쳐져 있다.

안전을 위해 새끼 오리처럼 가이드를 한 줄로 졸졸 따라다녀야 한다.

● 프랑스대혁명의 도화선이 된 아이슬란드의 화산 폭발

1783년, 아이슬란드 남부에 위치한 해발 853미터의 화산인 '라키(또는 라카기가르)' 화산이 폭발했다. 인류가 관측한 화산 폭발 중에 가장 큰 화산 폭발로, 남부 아이슬란드 절반에 달하는 대지가 용암으로 뒤덮이고, 25킬로미터에 달하는 균열을 일으킨 지진을 동반했다고 한다. 용암으로 인해 아이슬란드에서 기르던 가축의 80퍼센트가 폐사했으며, 당시 아이슬란드 인구의 4분의 1이 목숨을 잃었다.

가장 큰 문제는 대량으로 분출된 아황산가스였는데, 가스로 인해 태양빛이 가려지면서 핵겨울과 비슷한 화산 겨울을 만들어냈다. 이후 몇 년간 기온이 내려감에 따라 아이슬란드 외에 북미, 아프리카, 유럽 전역까지 이상기후를 불러일으키는 등 영향을 미쳤다.

인도와 아프리카의 몬순 주기를 변화시켰고, 이집트에서는 인구의 8분의 1을 감소시킨 기근의 원인이 되었다. 또한 이상기후로 인해 유럽 전역에서 기근이 일어나 유럽 인구의 10퍼센트 가량이 굶어 죽었으며, 이렇게 이어진 식량 부족 사태와 사회 불만이 결국 폭발해 프랑스대혁명의 도화선이 되었다고 한다.

라키 화산의 현재 모습

빙하 하이킹 투어를 마치고 이번에는 빙하 호인 요쿨살론(Jökulsárlón)으로 향한다. 요쿨살론은 유럽 최대 크기의 빙하인 바트나요쿨(Vatnajokull) 남쪽에 위치한 호수로, 빙하에서 떨어져 나온 빙산 조각들이 호수를 가득 채우고 있는 진풍경을 자아낸다.

빙하호를 배경으로 웨딩 사진을 찍는 커플. 춥지만 낭만이 있었다.

요쿨살론 보트 투어를 신청해 물에서도 갈 수 있는 수륙양용 보트를 타고 호수를 한 바퀴 돌았다. 스카프타펠에서 빙하를 질리도록 봐서 그런지 특별한 감흥은 없었다. 다만 보트 위에서 먹는 수만 년 된 얼음 조각의 맛은 깨끗함 그 자체였다.

빙하호 투어를 마지막으로 둘째 날도 막을 내렸다. 오늘 만났던 빙하 하이킹 가이드는 6개월은 아이슬란드에서, 6개월은 다른 나라에서 가이드 일을 하며 살고 있다고 한다. 돈보다 낭만과 꿈을 쫓는 그들의 삶이 한편으로 부러웠다.

수륙양용 보트를 타고 빙하호를 둘러본다

갓 잡은 따끈따끈한(?) 빙하 드셔보실라우?

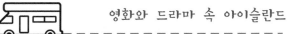
세계 어디에서도 찾아보기 힘든 지형 덕분에 아이슬란드는 다양한 영화와 드라마 속에 출현했다. 아이슬란드를 배경으로 한 영화와 드라마 몇 편을 소개해본다.

〈007 제임스 본드 다이 어나더 데이〉 (2002)

20번째 제임스 본드 시리즈로, 요쿨살론 빙하호를 배경으로 박진감 넘치는 자동차 추격 장면을 찍었다. 얼음 위를 달리는 자동차 장면은 CG를 연상시키지만, 바다로 흘러가는 물을 막아 호수를 얼린 후 실제 얼음 호수 위에서 촬영했다고 한다.

〈프로메테우스〉 (2012)

〈에이리언〉 시리즈의 프리퀄에 해당하는 작품으로, 외계인이 어떤 액체를 마시고 폭포에 뛰어들어 인류를 창조하는 장면을 바로 아이슬란드의 데티포스에서

촬영했다. 유럽에서 두 번째로 유량이 많은 폭포로도
유명한데 실제로 가보면 그 장엄함에 쉽게 압도된다.

〈월터의 상상은 현실이 된다〉 (2013)

다른 영화들에서 아이슬란드가 척박한 환경이나 장
엄한 대자연을 보여주는 데 그쳤다면, 영화 〈월터의
상상은 현실이 된다〉에서 아이슬란드는 평범한 직장
인인 월터가 늘 상상만 하던 인생을 찾아 떠나는 여행
의 장소로 등장한다. 월터가 스케이트 보드를 타고 차
한 대도 없는 길을 달리는 장면은 영화의 명장면이기
도 하다. 세이디르피외르뒤르로 향하는 고갯길에서
촬영되었다.

〈인터스텔라〉 (2013)

SF 영화 〈인터스텔라〉의 외계 행성은 CG가 아니라
아이슬란드의 바트나요쿨 국립공원에서 촬영되었다.
영화 개봉 이후 입소문이 나면서 여행객이 증가할 정
도로 아이슬란드의 신비한 자연을 알리는 데 영향을
미쳤다. 스비나펠스요쿨 촬영지는 빙하 하이킹 투어로

도 유명했지만, 2018년부터 낙석에 대한 위험으로 하이킹 투어는 하지 않고 있다. 바트나요쿨 국립공원의 또 다른 빙하인 스카프타펠요쿨에서만 가능하다.

〈왕좌의 게임〉 시리즈 (2016)

HBO의 명작 드라마인 〈왕좌의 게임〉에는 아이슬란드의 다양한 장소들이 등장한다. 앞서 소개했던 싱벨리어 국립공원은 물론, 주인공 존 스노우가 이그리트와 사랑을 나누는 장면이 나오는 동굴 속 온천도 아이슬란드에서 찾아볼 수 있다. 특히 전설 속 존재들이 살아가는 장벽 북쪽 장면들은 대부분 아이슬란드에서 촬영했다고 한다.

〈분노의 질주: 더 익스트림〉 (2017)

〈분노의 질주〉 시리즈의 8번째 작품으로, 아이슬란드 북부의 미바튼(Myvatn) 호수에서 얼음 위의 자동차 추격 장면을 찍었다. 미바튼 호수는 아름다운 풍경으로 유명한데, 미바튼은 '모기'란 뜻으로 여름에는 모기가 많은 것으로도 유명하다고 한다.

아이슬란드 링로드 여행 일정

후사비크
그리오타아이아오
고다포스
데티포스
아퀴레이리
미바튼
딤무보르기르
에이일스타디르
세이디스피외르뒤르
아르나르스타피
바크쉘리르
동굴
게이시르 굴포스
싱벨리어
국립공원
케리드
레이캬비크
바트나요쿨 국립공원
(스카타펠 국립공원)
케플라비크
국제공항
셀랴란드스포스
회픈
블루 라군
스코가포스
요쿨살론
다이몬드 비치
디르홀레이 아치
비크

3

그냥
걷는 것만으로도
즐거운 여행

회픈(Höfn)이라는 이름 없는 작은 항구마을
의 캠핑장에서 하루를 묵었다. 항구마을의 아침은 조
용했다. 떠나는 배도, 들어오는 배도 없었다. 이곳은
바이킹족들이 제일 먼저 들어온 곳이라고 한다. 이곳
은 남부 여행의 종착지이자 동부 여행의 시발점으로
여행객들의 중간 기착지로 제격이다.

작은 항구마을 회픈의 고요한 아침. 귀여운 배들이 올망졸망 정박해 있다.

비 오는 날 세이디스피외르뒤르의 무지개 거리와 성당

동부의 세이디스피외르뒤르(Seyðisfjörður)라는 어려
운 이름의 마을까지 가기로 했다. 꼬박 4시간 가량 달
려야 한다. 쉬멍 놀멍 가는 길 중간에 대자연이 펼쳐져
있어 결코 지루하지는 않았다.

아이슬란드는 많은 영화와 드라마에 등장했다. 세이디르피외르뒤르로 향하는 고갯길은 바로 영화 〈월터의 상상은 현실이 된다*The Secret Life of Walter Mitty*〉에서 월터가 스케이트 보드를 타고 내려온 곳이었다. 영화에서 월터는 종종 공상에 빠지지만 지극히 평범한 일상을 살아가는 직장인이다. 그러다 어딘가 사라져 버린 작가의 사진을 찾기 위해 상상으로만 하던 여행을 떠나게 된다. 그것도 아이슬란드로.

영화는 잔잔하지만 삶에 대한 깊은 울림을 전한다. 영화의 울림을 간직한 대사를 한 번 전해본다.

To see the world, things dangerous to come to,

to see behind walls, to draw closer,

to find each other and to feel.

That is the purpose of 'Life.'

세상을 보고, 위험을 넘고, 벽 너머를 바라보고,

서로에 대해 알아가고 느끼는 것.

그것이 바로 '인생'의 목적이다.

영화 〈월터의 상상은 현실이 된다〉 속에 나온 길을 달리며
영화 속에 들어온 착각에 빠져본다

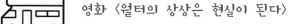 영화 〈월터의 상상은 현실이 된다〉

〈라이프Life〉 잡지사에서 16년째 사진 현상 에디터로 일하고 있는 월터 미티는 평범함, 소심함, 책임감으로 묘사되는 직장인이다. 하고 싶은 말이 있어도 제대로 말하지 못하고, 상상에 빠져 멍 때리기 일수인 어디에서나 볼 수 있는 그런 남자다.

그런데 그가 일하던 〈라이프〉 잡지사가 폐간을 하게 되면서, 그는 폐간호에 쓸 표지 사진을 찾기 위해 신입 시절부터 함께 일했던 사진작가를 찾아 여행을 떠나게 된다. 유일하게 다른 곳에 가본 경험이라고는 미국 내의 다른 도시들이 전부였던 그는 인생에서 처음으로 모험을 떠난다.

그렇게 그는 그린란드에서 바다에 빠져 상어와 싸우기도 하고, 아이슬란드에서 화산 폭발을 피해 달아나기도 한다. 결국 아프가니스탄까지 가서 사진작가를 만나지만, 사진작가는 얼마 전 자신이 선물했던 지갑에 표지 사진이 들어 있었다고 말한다. 그러나 회사에서 해고되면서 홧김에 지갑을 버렸던 것.

다행이 우여곡절 끝에 그는 지갑을 찾아 회사에 제출하고, 결국 회사를 그만둔다. 그러나 여행 끝에 그는 완전히 다른 사람이 되어 있었다. 상상에 몰두하는 대신, 지금 이 순간을 살아가는 열정적인 사람이 되어 있었던 것.

영화의 메시지는 '지금 순간을 살아라'는 것으로, 영화는 평범하고 지루한 일상에 있는 아름다움을 말하고자 한다. 사진을 찾아 모험을 떠나지만, 결국 사진은 쓰레기통에 버려졌던 지갑 속에 있었던 것이다. 영화는 월터의 여정을 통해 자연스럽게 '지금 순간을 살아라'는 진부하면서도 울림이 있는 메시지를 전달한다.

영화 초반부에는 월터의 상상이 현실을 압도한다면, 후반부에는 현실이 상상을 압도하는 풍광을 보여주면서, 상상은 줄어들고 월터는 현실을 제대로 바라보게 된다. 그렇게 제대로 바라본 현실은 평범하지만 행복하고 아름다웠다.

월터는 다시 직장을 구하기 위해 이력서를 작성하

는데, 16년간의 성실한 직장 생활은 20퍼센트에 불과하고, 단 2주간의 모험 같은 여행이 이력서의 80퍼센트를 차지한다. 그러나 영화는 "떠나라"고 말하는 것이 아니다. 여행과 모험을 통해 평범한 일상의 찬란한 아름다움을 알 수 있게 된다는 것이다.

영화의 마지막에 이르러 작가가 '삶의 정수(The Quintessence of life)'라고 제목을 지었던 〈라이프〉지 폐간호의 표지 사진의 정체가 밝혀진다. 그 사진에는 다름 아닌 〈라이프〉지 회사 건물 앞에서 필름을 검수하며 열중하고 있는 월터의 모습이 담겨 있었다. 자신의 일에 묵묵히 최선을 다하는 것. 거기에 삶의 정수가 있다.

영화 〈월터의 상상은 현실이 된다〉의 한 장면

세상을 보고, 위험을 넘고, 벽 너머를 바라보고,

서로에 대해 알아가고 느끼는 것.

그것이 바로 '인생'의 목적이다.

아이슬란드 링로드 여행 일정

그리오타이야오

데티포스

후사비크

고다포스

아퀴레이리

미바튼

딤무보르기르

에이일스타디르

세이디스피외르뒤르

바트나요쿨 국립공원
(스카타펠 국립공원)

아르나르스타피

바크쉘리르
동굴

게이시르   굴포스

싱벨리어
국립공원

케리드

회픈

케플라비크
국제공항

레이캬비크

셀랸란드스포스

요쿨살론
다이몬드 비치

블루 라군

스코가포스

디르홀레이 아치

비크

4

아이슬란드,
그 기묘한 땅

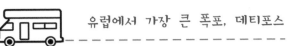
유럽에서 가장 큰 폭포, 데티포스

첫날 들렀던 굴포스가 아이슬란드에서 가장
유명한 폭포라면, 섬의 북동쪽에 위치한 데티포스
(Dettifoss)는 가장 웅장한 폭포라고 할 수 있다. 유럽
에서 가장 유량이 많은 폭포라고 한다.

여행 중에 다 가봤던 아이슬란드의 3대 폭포, 굴포
스, 데티포스, 고다포스 중에 데티포스가 가장 좋았
다. 영화 〈프로메테우스〉의 첫 장면에 나왔던 폭포이
기도 하다.

영화 〈프로메테우스〉의 한 장면. 놀랍게도 CG가 아니다.

웅장함에 압도되는 데티포스

폭포에 도착하면 우선 그 웅장함에 말을 잃게 된다.
도대체 이 많은 물들이 어디에서 와서 어디로 흘러가
는지. 예전에 보았던 나이아가라의 폭포가 웅장하면
서도 무언가 풍요롭고 선한 자연의 모습이었다면, 데
티포스는 잔인하고 비정한 약육강식의 자연을 보여주
는 것만 같았다. 그렇게 웅장함에 압도되어 한참을 서
있다가 다음 여행지로 향했다.

신들의 폭포라 불리는 고다포스

아이슬란드에는 폭포뿐 아니라 호수도 참 많은데, 아이슬란드에서 가장 유명한 호수는 아마 미바튼(Myvatn) 호수일 것이다. 미바튼 호수는 '모기 호수'라는 뜻인데, 여름에는 그만큼 모기도 많지만 다양한 곤충과 동식물이 서식해 아이슬란드 생태계에서 매우 중요한 역할을 하고 있다고 한다.

미바튼 호수에 오면 꼭 가야만 하는 곳 중에 고다포스(Goðafoss)가 있다. 아이슬란드 북부의 스캴판다플리오트(Skjálfandafljót) 강에 있는 폭포로, 높이는 12미터, 너비는 30미터에 이른다고 한다. 신들의 폭포라 불리는 둥근 고다포스는 굴포스만큼 유명하지도, 데티포스만큼 웅장하지도 않지만, 이름이 걸맞게 가장 아름다운 풍경을 선보였다.

거친 폭포만 보다가 아름다운 폭포를 보게 되니 저절로 마음이 따스해지는 느낌이었다. 아이슬란드에서는 이처럼 자연의 다양한 모습을 볼 수 있었다.

신들의 폭포에 걸맞는 고다포스의 아름다운 전경

9세기와 10세기 무렵, 아이슬란드에 사람들이 처음 정착했을 때, 대다수는 토르(Þórr), 오딘(Óðinn) 같은 신을 숭배하는 고대 북유럽 종교를 따르는 노르웨이인들이었다. 그러나 서기 930년 영연방 수립 후, 기독교화되는 유럽에서 아이슬란드에까

토르는 로마의 게르만 민족 정복 때부터 민족 대이동기를 거쳐, 스칸디나비아의 기독교화가 이루어지기 시작한 바이킹 시대에 이르기까지 게르만 민족들에게 널리 숭배받았다.

오딘은 북유럽 신화의 최고신이자 신화로 보면 제우스에 해당하는 신이다. 전쟁터에서 오딘의 가호를 받는 전사는 위대한 영웅이 된다.

침략하는 노르웨이 바이킹 모습

지 개종에 대한 압력이 가해지기 시작했다.

당시 아이슬란드가 이교도 신앙을 고수한다면 이미 기독교로 개종했던 노르웨이가 침략을 할 것이 거의 확실해 보였다. 싱벨리어에서 열리는 의회에서 당시 사제였던 토르기르 요스베트닝가고디(Þorgeir Ljósvetningagoði)에게 기독교 개종을 결정할 책임이 주어졌다.

토르기르는 밤낮으로 조용히 누워 옛 신들에게 올바른 결정을 내려달라고 기도했다고 전해진다. 결국 그는 백성들의 이익을 위해 기독교를 공식 종교로 결정하게 된다. 그 결정을 상징하기 위해 그는 옛 신들의 우상을 아름다운 폭포에 버렸는데, 그 폭포가 바로 고다포스였다. 아이슬란드어로 신을 뜻하는 고드(goð)에서 이 폭포의 이름을 고다포스(Goðafoss)라고 불렀다.

아이슬란드는 미국 드라마 〈왕좌의 게임〉의 촬영지로도 유명하다. 척박하고 황량한 이 땅이야말로 스타크 가문의 '북부'를 보여주기에 가장 적합한 곳임에는 틀림없었다.

그리오타이아우(Grjótagjá) 동굴은 원래 인기가 많은 온천이었다고 한다. 그러다 화산 활동이 강해지면서 물이 너무 뜨거워져 문을 닫았고, 그 이후 다른 온천들이 개발되면서 온천의 역할은 안 하게 되었다고 한다.

〈왕좌의 게임〉에서 이그리트와 존 스노우가 사랑을 나누었던 동굴 속 온천

다음은 역시 〈왕좌의 게임〉에 나왔던 장소인 딤무보르기르(Dimmuborgir)로 간다. 신기한 지형을 볼 수 있는 곳이었다.

동굴 속 온천, 웅장하고 아름다운 폭포, 기묘한 돌무덤을 지나다 보면, 옛사람들이 이곳에 신들이 살고 있다고 믿는 것도 무리가 아니었겠구나 싶었다. 넓은 딤무보르기르를 전부 돌아보기에는 무리가 있어 간단히 돌아보고 나왔다.

긴 하루가 끝나고, 아이슬란드 제2의 도시이자 북부 여행의 베이스인 아퀴레이리(Akureyri)에서 캠핑을 했다.

마치 외계 행성의 풍경과 같은 딤무보르기르

엘프(Elf: 귀가 뾰족한 요정)는 트롤(troll: 거인족)
과 마찬가지로 아이슬란드인들이 좋아하는 상상 속의
존재이다. 엘프는 북유럽과 게르만 신화에 자주 등장
하는 마법의 힘을 가진 영생의 존재로, 예전에는 장난
꾸러기 요정 같은 이미지였다면, 톨킨의 〈반지의 제
왕〉 이후에는 미의 화신과 같은 아름다운 존재로 그
려진다.

그러나 아이슬란드의 엘프는 완전히 다른 종으로
봐야 할 것이다. 아이슬란드의 엘프는 '훌두포크
(Huldufolk)'라고 불리는데, 이는 '숨어 있는 사람들'이
라는 뜻이다. 아이슬란드의 엘프는 마법이 깃든 바위
나 절벽에서 살아가는데, 일반 사람들과 비슷한 방식
으로 살아간다는 특징이 있다. 가축을 키우고, 건초를
베고, 고기잡이를 하고, 열매도 따며, 일요일에는 교
회에도 간다.

그러나 혼자 있기를 좋아하고 일반적으로는 눈에

보이지 않으며, 새해 전날이나 하지 등 특별한 날의 경우에만 눈에 띈다고 한다. 극도로 보금자리를 보호하며, 누군가 그들을 귀찮게 하면 크게 보복한다고 한다. 그래서 아이슬란드에는 자신의 땅을 지키려는 난폭한 엘프의 이야기가 셀 수 없을 정도로 많이 기록되어 있다. 건축을 할 때도 엘프들이 살고 있다고 여겨지는 마법의 바위나 절벽은 손상을 입히지 않고 피해서 작업을 한다고 한다.

재미있는 사실은 대부분의 아이슬란드의 사람들이 엘프의 존재를 믿고 있다는 것이다. 최근의 한 여론조사에서 아이슬란드 국민의 대부분이 엘프의 존재 여부를 찬성했다고 한다. 물론 여기에는 엘프의 존재를 부정할 경우 평생 운이 없다는 속설도 영향을 미쳤다고 한다.

아이슬란드 링로드 여행 일정

웨일 와칭 투어

후사비크
그리오타이아오
고다포스
데티포스
아퀴레이리
미바튼
딤무보르기르
에이일스타디르
세이디스피외르뒤르

아르나르스타피
바크쉘리르
동굴

게이시르 굴포스
싱벨리어
국립공원
케리드
셀랴란드스포스
스코가포스
디르홀레이 아치

바트나요쿨 국립공원
(스카타펠 국립공원)
회픈
요쿨살론
다이몬드 비치

케플라비크
국제공항
레이캬비크
블루 라군

비크

5

그럼에도 불구하고
그 풍요로움에
대하여

그렇다. 아이슬란드는 척박하다. 강한 바람
과 추운 날씨 때문에 나무 한 그루 제대로 자라지 않
는다. 종종 보이는 나무들은 전부 외국에서 가져다 심
은 것이라고 한다.

　　그러나 그 덕분인지 아이슬란드 사람들은 척박한
가운데에서 풍요를 찾는 법을 배웠다. 그 풍요를 경험
하기 위해 후사비크(Húsavík)에서 웨일 와칭(Whale
Watching) 투어(배를 타고 고래를 발견하는 투어)에 나섰다.

투어 회사에서 제공한 따뜻한 옷을 입고 고래 투어를 위해 배에 오른다.

드디어 고래를 영접했다!

추운 날씨에 무덤덤하던 손님들도 바다에 나가니 언제 그랬냐는 듯 고래를 찾기 위해 사방팔방 뛰어 다녔다. 선장이 "몇 시 방향에 고래가 있습니다"라고 안내방송을 해주면 다 큰 어른들이 어린아이들처럼 우르르 몰려다녔다.

그렇게 한 시간쯤 지났을 무렵, 드디어 고래를 발견한다. 아주 가까운 거리에 고래가 나타났던 것이다. 배 위의 모두는 신기한 광경에 탄성을 지르며 연신 카메라 셔터를 눌러댔다. 망망대해 한가운데서 고래를 만나다니, 도무지 믿기질 않았다.

고래 투어가 끝나고, 남은 시간 동안 선장님이 나눠준 낚싯대로 우리는 한가롭게 낚시를 했다. 그렇게 잡은 물고기는 투어가 끝나고 바비큐로 해먹었다.

낚시로 잡은 고기를 바로 바비큐 해주는 선장님

　직접 잡은 물고기를 구워 먹는 맛은
별다른 감미료가 필요 없을 정도로
특별했다. 뱃사람답게 시종일관
무덤덤한 표정의 선장님이었지만,
우리의 계속되는 질문에도 짜증 내지 않고
친절하게 답해주었다. 겉은 무뚝뚝해도
속정이 깊은 아이슬란드의 남자였다.
그렇게 생선 바비큐로 배를 채우고 길을
나섰다.

아이슬란드는 일본, 노르웨이와 함께 세계 3대 포경국 가운데 하나이다. 그런 아이슬란드가 2024년부터는 포경을 포기할 가능성이 커졌다. 아이슬란드 식품 농업 수산업 장관은 최근 한 일간지에 기고한 글에서 "포경이 경제적으로 이득이라는 증거는 희박하다"고 밝혔다.

아이슬란드에는 큰고래(긴수염고래)와 밍크고래를 전문적으로 잡는 회사가 각각 하나씩 있다. 아이슬란드 정부는 2019년에서 2023년까지 큰고래 209마리, 작은 밍크고래 217마리의 포경을 허가했는데, 큰고래 포경회사는 2020년 문을 닫았고, 나머지 회사도 지난 3년 동안 어획량은 2021년 밍크고래 한 마리에 그쳤다고 한다. 정부에 따르면 고래가 없는 게 아니라, 고래를 잡으면 잡을수록 손실만 커지기 때문에 잡지 않는 것이라고.

이렇게 된 가장 큰 원인 중 하나는 일본의 포경업

재개라고 할 수 있다. '과학적 조사'를 명목으로 포경을 계속해온 일본은 2019년부터 상업 포경에 나섰고, 그 덕분에 아이슬란드는 고래 수출길이 막히고 말았다. 또한 코로나로 인해 고래고기 가공공장 운영이 어려워지면서 포경 관련 비용이 증가한 요인도 크게 작용했다.

그러나 포경산업이 축소되었다고 해서 고래 관련 산업까지 없어진 것은 아니다. 포경의 쇠퇴와는 대조적으로 아이슬란드의 고래관광은 계속 상승세를 타고 있으며, 2019년에는 고래관광 관련 관광객만 36만 명에 이르렀다고 한다.

아이슬란드 전역에 양들이 돌아다닌다. 추운 날씨에도 잘 견디는 동물이기 때문인지 아이슬란드에서 가장 많이 키우는 가축이기도 하다.

길을 가던 길에 손자를 안고 트랙터로 양을 모는 할아버지를 발견했다. 할아버지는 우리에게 여유 있게 손을 흔들어주었다. 그 장면을 미처 카메라에 담지 못했지만, 그 여유 있는 환영의 손짓이야말로 아이슬란드의 풍요가 아닐까 싶었다.

여유롭게 풀을 뜯는 아이슬란드의 양들

길에서 발견한 바다가 보이는 노천 온천 겸 수영장

지나가다 들린 마을의 특이하게 생긴 교회

아이슬란드 링로드 여행 일정

오로라 헌팅

후사비크
고다포스
그리오타이아오
데티포스
야퀴레이리   미바튼
딤무보르기르
에이일스타디르
세이디스피외르뒤르
아르나르스타피
바크쉘리르
동굴
게이시르 굴포스
싱벨리어
국립공원
케리드
레이캬비크
케플라비크
국제공항
셀랴란드스포스
블루 라군
스코가포스
디르홀레이 아치
비크
바트나요쿨 국립공원
(스카타펠 국립공원)
회픈
요쿨살론
다이몬드 비치

6

하늘에서
펼쳐지는
지상 최대의 쇼★

날이 좋았다. 오로라(aurora)를 보려면 세 가지 조건을 맞춰야 한다. 구름이 없을 것. 날이 어두울 것. 그리고 오로라 활동이 활발할 것.

여행 내내 오로라 지수를 체크하던 우리는 결정을 내렸다. 오늘이다.

구름이 없는 곳을 향해 앞만 보고 달린다.

　오전 일정을 대충 소화하고, 구름이 없는 곳을 향해 장장 여섯 시간을 달리자 주위가 컴컴해졌다. 조수석에 앉은 아내가 연신 별이 예쁘다며 탄성을 질렀다. 괜히 심술이 났다. 나는 온통 운전만 하고 있는데! 그래서 그냥 차를 세웠다. 그런데 그때였다.

　서서히 하늘이 출렁이기 시작한 것이다. 한적한 곳에 차를 세우자 다른 사람들도 하나씩 우리를 따라 차를 세우고 하늘이 보여주는 지상 최대의 쇼를 관람하기 시작했다.

무슨 말이 더 필요했을까. 지금껏 살아온 30여 년의 세월은 마치 이 순간을 목격하기 위해 있었던 것 같았다.

생각해 보면, 우리는 이 세상의 경이를 발견하기 위해 산다고 할 수도 있다. 처음 학교에 들어갔을 때, 첫 키스를 했을 때, 버진 로드를 걸어오는 신부를 보았을 때, 아이의 첫 울음소리를 들었을 때, 그리고 이처럼 여행을 통해 세상의 신비를 발견했을 때. 그런 경이와 경이가 모여 한 사람의 삶을 만들어가는 것이리라.

이런 말이 삶에 대한 지침이 될 수는 없을지라도, 매 순간순간 경이를 발견하는 사람이라면 누구보다도 삶이 풍요롭지 않을까? 아이슬란드는 내게 이런 가르침을 주었다.

...

바람은 너희에게서 나를 멀리 나른다.
기분 좋게 햇빛에 취하여
나는 물줄기를 타고 여행하리라.
수천의 목소리가 울려 내 마음을 부추기고
하늘 높이 오로라가 불타며 흘러가누나.
여행길에 나서련다.
나는 그 여행길이
어디서 끝나느냐 묻지 않으련다.

- 요제프 폰 아이헨도르프

지상 최대의 쇼인 오로라는 우리가 일반적으로 생각하는 것과 달리 극지방에서만 발견되는 것이 아니다. 《삼국사기》나 《고려사》, 《조선왕조실록》에도 오로라로 추정되는 기록이 심심찮게 등장한다. 전 세계 곳곳에서 전해지는 오로라에 대한 이야기들을 모아봤다.

고대 그리스 로마 시기에 오로라의 정식 명칭인 오로라 보레알리스는 새벽을 뜻하는 그리스 단어 '오로라'와 바람을 뜻하는 '보레아스'에서 유래했다. 그리스인들은 오로라가 태양을 상징하는 헬리오스와 달을 상징하는 셀린느의 자매라고 여겼으며, 오로라가 형제자매들에게 새날이 오는 것을 알리기 위해 형형색색의 마차를 타고 이른 아침에 하늘을 날았다고 생각했다. 로마인들도 오로라를 새로운 날이 밝는 것과 연관지었으며, 마찬가지로 새벽의 여신이라고 믿었다.

그리스 신화 속 오로라로 알려진 새벽의 여신 에오스

남유럽에서 오로라가 나타나는 것은 매우 드문 일로, 보통 강렬한 태양 활동에 의해 붉은 오로라가 하늘을 수놓게 된다. 그러다 보니 오로라의 기원을 모르는 남유럽의 사람들에게는 붉은색의 오로라가 공포로 다가왔다. 프랑스와 이탈리아의 사람들은 오로라를 전쟁이나 기아의 징조로 여겼다. 스코틀랜드와 영국에서는 프랑스대혁명이 있기 몇 주 전에 붉은색 오로라가 관측되었다고 전해진다.

오로라가 드물게 관측되는 중국에서는 오로라가 선과 악의 용들이 하늘에서 불을 뿜으며 벌이는 천상의 전투로 여겨졌다. 일본에서는 오로라 아래에서 잉태된 아기가 아름다움과 지능, 행운을 갖추게 된다는 믿음이 있다.

조선시대에도 오로라 관측에 대한 기록이 있는데, 《조선왕조실록》에 적기(赤氣: 붉은 기운) 또는 기여화광(氣如火光: 불빛 기운)이라 불리는 이 현상이 200여 회나 등장하고 있다. 또한 오로라와 같은 자연의 이상현상을 인간의 잘못에 대한 하늘의 꾸지람으로 여겼다. 특히 정변을 일으켜 광해군을 폐위시키고 추대되었던 인조 시기에는 무려 약 50회나 이 현상이 일어났다고 기록되어 있다.

호주에서는 북극광인 오로라 보레알리스가 아닌, 남극광인 오로라 오스트랄리스가 자주 목격되었으며, 신들이 하늘에서 춤을 추는 모습이라고 여겼다.

북미의 크리 인디언들은 오로라가 삶의 순환의 일부이며, 하늘에 남아 있지만 사랑하는 사람들과는 떨어져 있는 죽은 자의 영혼이라고 믿었다. 그들은 오로라가 떠나간 친구와 친척의 영혼이 지상에 남아 있는 이들과 소통하려고 시도하는 것이라고 여겼다.

반면 알곤킨족은 그들의 창조자인 나나부조가 피운 불빛에 의해 오로라가 만들어졌다고 믿었으며, 오로라가 나나부조가 그들을 기억하고 돌보고 있다는 메시지를 전달하는 방법으로 이해했다.

더 북쪽으로 가면, 이누이트 부족은 오로라를 죽은 인간의 영혼들이 바다코끼리의 두개골을 공으로 사용해 공놀이를 하는 것으로 여겼다. 재미있는 것은 누나비크 섬의 사람들은 이 이야기를 반대로 이해했으며, 오로라를 바다코끼리의 영혼들이 죽은 인간의 두개골을 공으로 사용해 공놀이를 하는 것으로 여겼다고 한다.

워싱턴 주의 마카 인디언들은 오로라를 난쟁이 부족이 고래기름을 끓이기 위해 북쪽에 만든 불이라 생각했으며, 노스다코타주의 만단 부족 사람들은 위대한 전사들이 거대한 요리 냄비에 적들을 끓이는 불이라 생각했다고 전해진다.

아이슬란드의 조상들은 오로라를 출산과 연관지어 생각했으며, 출산 중 산모가 오로라를 보지 않으면 산통이 완화된다고 믿었다. 반대로 산모가 오로라를 보게 되면 아기가 사팔뜨기로 태어난다고 여겼다. 반면 그린란드에서는 오로라를 출생 시 죽은 아기의 영혼으로 여겼다.

핀란드에서는 오로라가 설원을 너무 빨리 달리는 여우의 꼬리에서 불꽃이 튀어 밤하늘을 밝히면서 만들어졌다고 생각했다. 실제로 핀란드어로 오로라를 뜻하는 단어 'revontulet'은 문자 그대로 '불여우'를

북유럽 신화에서 신들의 다리로 알려진 비프로스트 다리

의미한다. 스웨덴에서는 오로라를 북쪽에 있는 화산의 형태로 따뜻함과 빛을 제공하는 자비로운 신들의 선물로 믿었다.

노르웨이 신화에서 오로라는 무척 중요한 역할을 한다. 전설에 따르면 오로라를 용맹한 발키리(valkyrja: 북유럽 신화에 등장하는 반신반인의 여전사)의 방패와 갑옷에서 반사된 빛이라고 한다. 또한 오로라는 전투에서 죽은 자를 발할라(Valhalla: 오딘을 위해 싸우다가 살해된 전사들이 머무는 궁)로 인도하는 빛나는 아치의 무지개 다리인 '비프로스트(Bifröst) 다리'로도 여겨졌다.

아이슬란드 링로드 여행 일정

후사비크
그리오타이아오
고다포스
데티포스
아퀴레이리
미바튼
딤무보르기르
에이일스타디르
세이디스피외르뒤르
아르나르스타피
바크쉘리르
동굴
바트나요쿨 국립공원
(스카타펠 국립공원)
게이시르 굴포스
싱벨리어
국립공원
케리드
레이캬비크
셀랴란드스포스
케플라비크
국제공항
스코가포스
회픈
요쿨살론
다이몬드 비치
블루 라군
디르홀레이 아치
비크

ㄱ

도시에는
낭만이 흐른다

마지막 이틀은 아이슬란드의 수도인 레이캬
비크에서 보냈다. 역시나 도시에서 나고 자란 도시인
들인지라 도시가 주는 편리함이 그렇게 좋을 수가 없
었다. 레이캬비크에서 보낸 이틀이 오히려 휴식처럼
느껴졌다.

아기자기한 레이캬비크의 거리 풍경

레이캬비크 거리 바닥의 예쁜 그림

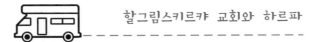

그래도 볼 건 봐야지. 레이캬비크의 랜드마크인 할그림스키르캬(Hallgrimskirkja) 교회로 향한다. 주상절리를 본떠 만든 교회의 모습이 퍽 인상적이었다. 로켓처럼 서 있는 이 교회는 도시의 이정표 역할을 한다.

5월 ~9월 09:00~21:00
10월~4월 09:00~17:00
평균 체류 시간 : 1시간 미만
가격 : 성인 1,200(ISK)

장난감 마을 같은 레이캬비크의 풍경

73미터나 되는 교회 전망대에 한 번 올라본다. 아이슬란드인들의 취향이랄까, 집들을 아기자기하게 칠해놨는데, 높은 데서 보니 장난감마을이 따로 없었다. 날씨가 좋을 때는 아이슬란드의 서쪽 반도인 스나이펠스네스까지 보인다고 한다.

정처 없이 도시를 구경하다가 우연찮게 '하르파(Harpa)'라는 멋진 건물에 들어섰다. 콘서트 홀로 사용

하고 있는 초현대적인 건물 안은 시민들의 쉼터이자
놀이터였다.

마침 센터 안에서는 무료 피아노 콘서트가 열리고
있었다. 우리도 자리를 잡고 앉아 음악을 감상했다.
잘 가라는 작별인사였을까, 아니면 이곳을 잊지 말자
는 우리의 바람이었을까. 같은 소리를 들으면서도 시
민들과 여행자는 서로 다른 음악을 듣고 있었다.

월~금 09:00~18:00
토·일 10:00~18:00
평균 체류 시간 1~2시간

주상절리에서 영감을 받아 만들었다는 컨벤션센터 하르파

레이캬비크 시내에서 더 볼거리

18세기까지 농업 중심의 조그마한 마을이었던 레이캬비크는 왕실 회계 담당이었던 스쿨리 마큰손(Skúli Magnsson)이 양털제조공장을 세우면서 근대화함으로써 근대 도시로 발전했다. 1798년 설립 허가 이후 1944년 덴마크로부터 자치권을 되찾았을 때 수도가 되었다. 둘러보면 좋은 곳을 소개해본다.

레이캬비크 식물원 : 1961년 세워졌고, 북극에서 자생하는 5,000종의 식물들을 볼 수 있다.

페를란(Perlan) : 진주를 의미하는 페를란은 커다란 물탱크로 2층 전망대에 오르면 주변 도시가 한눈에 내려다보인다.

횝디(Höfði) : 1986년 미국과 소련 정상이 만난 곳이다.

알프타네스(Álftanes) 대통령궁

돔티르캬(Dómkirkja) 성당 : 주교가 머무르는 곳이다.

국립박물관과 레이캬비크 시립박물관

아이슬란드의 경제에 대해 잠깐 살펴보고
가자. 1990년대 아이슬란드 정부는 시장 자유화 정책
을 시행하여 여러 대기업과 중소기업들을 민영화했
고, 법인세와 상속세를 감소시키고 재산세를 폐지하
면서 아이슬란드의 경제는 활력을 띠기 시작했다. '북
유럽 호랑이'라는 용어는 냉전 이후 1990년대에 시작
된 아이슬란드의 경제 번영 기간을 가리키는 말로, 번
영이 절정에 이르렀던 2007년에 아이슬란드는 인구
당 GDP 기준으로 세계에서 네 번째로 부유한 국가가
되었다.

　처음에는 인터넷 회사들을 비롯한 하이테크 기업들
이 아이슬란드의 번영을 이끌었다. 우후죽순처럼 생
겨난 인터넷 기업들이 이른바 '신경제(New Economy)'
를 형성하면서, 2000년대 초 닷컴 버블이 터지기 직
전까지 아이슬란드 경제를 이끌었다. 닷컴 버블이 터
지자 수익성이 없던 대부분의 인터넷 기업 또한 문을

닫았다. 그러나 아이슬란드 번영의 꿈은 금융 회사들이 물려받게 된다.

　인구가 30만 명밖에 되지 않고, 기반산업이라곤 어업과 관광업이 대부분인 아이슬란드에서 금융업은 무리한 확장과 무분별한 대출로 몸집을 키웠다. 아이슬란드 은행들은 유럽에서 대출을 받아 부동산에 무리한 투자를 감행했고, 또한 주주들에게 돈을 빌려줘 은행 주식을 사도록 유도했다. 2008년 리먼 브라더스 사태가 터진 시점에는 은행이 보유한 자산이 아이슬란드 GDP의 11배나 되었다고 한다.

　그러나 탐욕은 오래가지 않았다. 금융 위기로 인해 외국 자본이 썰물처럼 빠져나가면서 아이슬란드 경제는 순식간에 무너져 내렸다. 아이슬란드의 부채 규모는 GDP의 8배에 달했고, 주가는 80퍼센트나 빠지고 환율도 무너졌다. 사회 혼란도 극에 달해 시위대가 국회에 불을 지르는 한편, 범죄가 없기로도 유명한 아이슬란드에서 범죄율이 증가했다. 아이슬란드의 경제가 다시 회복하는 데에는 수년이 걸렸다. 아이슬란드 국민들이 엄청난 고통을 겪은 것은 물론이다.

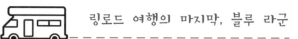 링로드 여행의 마지막, 블루 라군

그렇게 우리의 여행은 아쉬움을 남기며 마지막으로 향해갔다. 아이슬란드 링로드 여행의 마무리는 역시 아이슬란드에서 가장 유명한 관광지 중 하나인 블루 라군(Bláa Lónið)이었다.

블루 라군 온천을 들어가는 길에 보이는 건물. 호텔이라고 한다.

온천 안 바에서는 얼음처럼 시원한 맥주를 팔고 있었다.

　블루 라군은 보기와는 다르게 천연 온천이 아닌 1976년에 개발된 인공 온천으로, 지열발전소에서 증기와 온수를 위해 추출해낸 지하수로 만들어졌다. 발전소에서 사용하고 남은 물이지만 화학 물질을 포함하고 있지 않으며, 피부에 좋은 미네랄이 포함되어 있다고 한다.

서양에 있는 대부분의 온천들이 그러하듯이, 물이 생각만큼 뜨끈하지는 않았다. 대신 적당히 따뜻해서 오랫동안 온천욕을 즐기기에는 제격이었다.

따뜻한 물 속에 앉아 차가운 맥주를 마시고 있으니 천국이 따로 없었다. 떠날 시간이 되었다 생각하니 울적한 기분도 들었다. 갑자기 영화 〈달콤한 인생〉에 나왔던 대사가 생각났다.

어느 날 밤, 잠에서 깨어난 제자가 울고 있었다. 그 모습을 본 스승이 기이하게 여겨 제자에게 물었다.

"무서운 꿈을 꾸었느냐?"

"아닙니다."

"그럼, 슬픈 꿈을 꾸었느냐?"

"아니요, 달콤한 꿈을 꾸었습니다."

"그런데 왜 그리 슬피 우느냐?"

"그 꿈은, 이루어질 수 없는 꿈이기 때문입니다."

아마 며칠 더 머문다 하더라도 더 많은 것들을 보지는 못했을 것이다. 여행기에 싣지 않은 장소들까지

여행 내내 우리의 발이자 집이 되어주었던 캠퍼벤. 이제는 떠날 시간

포함하면 아이슬란드의 거의 모든 것을 다 보고 온 셈
이니까.

　그러나 아쉬움이 남는 것은, 다시 현실로 돌아가야
한다는 안타까움 때문이었을 것이다. 이야기 속 제자
가 슬피 울었던 이루어질 수 없는 꿈은 아니었지만, 여
행의 마지막은 늘 곧 깨어날 꿈에 대한 아쉬움이었다.

　짐 정리를 마치자 집에 돌아갈 생각에 다시 한 번
심란해졌다. 그러나 어쩌겠는가. 여행에는 늘 끝이 있
는 법이니, 다음을 기약하는 수밖에.

온천과 열탕은 고대부터 다양한 문명과 깊이 연결되어 있다. 고대부터 인류는 온천을 목욕과 치유, 사회화 및 종교적인 목적으로 사용해왔다. 기원전 2500년 전에 세워진 인더스 문명의 모헨조다로 유적에서도 목욕탕의 흔적이 발견될 정도로 온천과 열탕의 역사는 오래되었다.

　　특히 로마인들은 목욕을 사랑하기로 유명했다. 유럽 전역을 지배했던 민족답게, 유럽의 곳곳에는 오늘날까지도 로마인들이 남긴 목욕탕이 남아 있다. 목욕은 영어로는 'Bath(바쓰)'라고 한다. 이 단어는 영국을 정복한 로마인들이 지은 목욕탕이 남아 있는 영국의 '바쓰'란 도시에서 유래했다.

　　동양에서도 온천과 열탕은 예전부터 사랑받아왔다. 우리나라의 경우에도 온천을 치유 효과가 있다고 여겨 예전부터 왕들이 즐겨 찾았으며, 한국의 독특한 찜질방은 뉴욕과 LA 같은 미국의 대도시에도 수출되었을 만큼 성업 중이다.

　반면 중세 유럽에서는 목욕하는 문화가 사라지게 되었다. 종교계에서 공중목욕탕에서 공공연하게 벌어지는 매춘이나 알몸 노출 등을 비판했을 뿐 아니라, 목욕탕이 흑사병과 같은 전염병을 옮기는 질병과 감염의 온상이 되었기 때문이다. 특히 물을 자주 갈지 않아 무척 더러웠다는 기록이 많이 남아 있다. 목욕을 터부시하면서부터 유럽 사람들의 몸에서 나는 악취가 더욱 심해졌는데, 그러다 보니 악취를 없애기 위해 유럽 상류층에서는 향수 문화가 발달하게 된다.

　물론 모든 유럽에서 목욕이 터부시되었던 것은 아니다. 북유럽은 사우나의 형태로 목욕 문화가 이어졌고, 동유럽이나 남유럽의 경우에도 아프리카와 중동, 아시아 등의 영향으로 목욕 문화가 지속되었다. 특히 아이슬란드나 헝가리 같은 온천이 흔한 곳에서는 목욕의 인기가 계속되었다.

아이슬란드 링로드 여행 일정

후사비크
그리오타이아오
고다포스
데티포스
아퀴레이리
미바튼
딤무보르기르
에이일스타디르
세이디스피외르뒤르
아르나르스타피
바크쉘리르
동굴
바트나요쿨 국립공원
(스카타펠 국립공원)
게이시르 굴포스
싱벨리어
국립공원
케리드
회픈
레이캬비크
셀라란드스포스
케플라비크
국제공항
스코가포스
요쿨살론
다이몬드 비치
블루 라군
디르홀레이 아치
비크

日

아이슬란드의
맛을 찾아서

솔직히 말해 아이슬란드는 미식의 나라와
거리가 멀다. 동유럽식 고기 스튜인 굴라쉬 작은 컵
하나에 삼만 원 가까이 한다. 비싸고 맛도 없다. 여행
내내 대부분 직접 요리를 해먹었다. 비싼 것도 문제지
만 수도인 레이캬비크를 벗어나면 식당 자체가 별로
없다. 그러니 직접 해 먹을 수밖에.

유명세에 비해 맛은
그냥 평범했다.

한국 예능에도 나왔던 아이슬란드에서 제일 유명한 핫도그집

역시 유럽은 유럽인지라 빵은 훌륭했다.

한끼 식사론 훌륭했지만, 딱 기대한
만큼의 맛이었던 클램 차우더 스프

가장 맛있게 먹었던 연어 요리

캠핑장에서 차린 한 상

맛있는 커피

경작용 토지가 부족했던 아이슬란드인들은 오래전부터 고기와 생선 위주의 식습관을 발달시켜왔다. 일반적으로 생선이나 양의 머리를 통째로 훈제한 양고기 스비드(Svið), 전통 요거트인 스키르(Skyr)를 주재료로 활용해 소박한 식사를 해왔다고 한다. 현재는 지열을 이용한 온실에서 야채를 재배해, 좀더 다양한 식단을 갖추었다고 한다.

아무래도 외부와의 교류가 적은 섬나라인데다 먹을 것이 부족하다 보니, 독특한 음식들이 발달하기도 했다. 아이슬란드에서만 찾을 수 있는 흥미로운 음식들을 몇 가지 정리해봤다.

하우카르들 - 상어

상어를 독특한 식재료라고 할 수 있을까? 상어지느러미 요리인 샥스핀이나 철갑상어 알인 캐비아를 생각해보면 상어가 아주 독특한 식재료라고 할 수는 없을 것이다. 그러나 아이슬란드에서 상어를 먹는 방법이 조금 독특하다.

우선 땅에 상어를 묻은 후, 그 위에 소변을 눈다.

그리고 몇 달이 지나 꺼내면 상어가 삭으면서 암모니아 냄새가 많이 나는 하우카르들(Hákarl)이 완성된다. 홍어를 삭혀 먹는 우리나라 사람들에게 아주 특별한 요리는 아니지만, 유럽 사람들에게는 지금까지도 충격적인 음식으로 여겨진다.

수리르 흐룻 스풍가르 - 절인 양 고환

척박한 아이슬란드에서 먹을 것을 찾는 것은 고역이었을 것이다. 특히 가난한 농부들은 먹을 수 있는 것이라면 무엇이든 가져다 먹어야 했는데, 결국 숫양의 고환까지 먹게 되었다고 한다. 겨우내 보관하기 위해 피클로 만들어 먹었다고 하는데, 지금은 찾아보기 힘든 음식이 되었다.

온천 호밀빵

어두운 갈색의 이 빵은 달콤하면서 독특한 맛을 낸다. 빵을 만드는 방식이 특히 독특한데, 오븐에 굽는 것이 아니라 반죽을 만들어 나무통에 넣은 후, 온천 근처의 땅에 넣어놨다가 다음 날 꺼내서 먹는다고 한다. 빵만 먹는 법은 별로 없고 보통 버터, 생선, 훈제 연어나 훈제 양고기와 함께 먹는다.

하르드피스쿠르 - 말린 생선

아이슬란드인들이 사랑하는 말린 생선이다. 보통 대구나 해독(Haddock)과 같은 생선을 말린 후, 마른 것을 버터와 함께 먹는다. 한국의 북어포와 비슷한 음식인데, 생선을 잘 먹지 않는 유럽 대륙 사람들에게는 매우 독특한 음식으로 여겨졌다.

스키르 - 아이슬란드식 요거트

아이슬란드식 요거트인 스키르(Skyr)에는 유산균과 함께 크림치즈를 만들 때 쓰는 '레닛'이라는 효소가 들어간다. 그릭요거트와 비슷한 꾸덕한 맛인데, 그릭 요거트보다 조금 부드러우면서 산미가 느껴진다. 저 탄수화물 고단백에다 당이 적고 다른 첨가물이 들어가지 않기 때문에 무척 건강한 식품이다. 덕분에 유럽은 물론 미국의 슈퍼마켓에서도 심심찮게 찾아볼 수 있는 아이슬란드의 효자 수출품이 되었다.

안녕, 아이슬란드

아이슬란드 링로드 여행은 우리에게 많은 것들을 남겼다. 아름다운 사진과 즐거운 추억들, 그리고 지독한 감기까지. 여행을 끝마칠 때쯤엔 세상의 경이를 마주하고 키가 아주 조금 자라난 느낌이었다.

세상에 여행지는 많다. 그러나 세상 어디에도 아이슬란드와 같은 여행지는 없다. 다시 만날 날을 기약하며.

안녕, 아이슬란드….

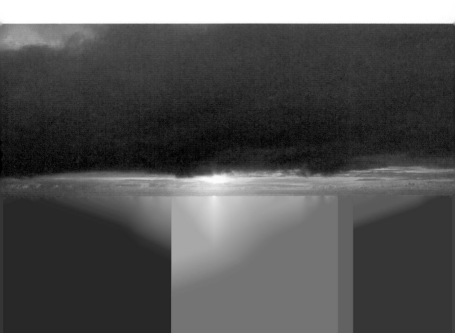

아이슬란드 링로드 여행 일정

웨일 와칭 투어

후사비크

그리오타이아오

고다포스

데티포스

아퀴레이리　미바튼
딤무보르기르

에이일스타디르

세이디스피외르뒤르

오로라 헌팅

아르나르스타피

바크쉘리르
동굴

골든 서클

게이시르　굴포스

싱벨리어
국립공원

케리드

바트나요쿨 국립공원
(스카타펠 국립공원)

빙하 하이킹 투어

회픈

케플라비크
국제공항

레이캬비크

셀랴란드스포스

스코가포스

요쿨살론
다이몬드 비치

보트 투어

블루 라군

디르홀레이 아치

비크

9

링로드 여행 길잡이

링로드 여행, 과연 해야 할까?

아이슬란드 여행지는 수도인 레이캬비크 주변에 몰려 있다. 가장 유명한 관광지인 골든 서클을 비롯해 빙하 하이킹을 할 수 있는 스카프타펠도 수도에서 그리 멀지 않은 곳에 있다.

그래서 3박 4일 일정으로 골든 서클을 포함해 스카프타펠, 블루 라군 등을 즐기는 게 일반적이지만, 길게 휴가를 즐기는 유럽인들이나 좀 더 도전을 원하는 사람들은 섬을 한 바퀴 도는 '링로드 여행'을 할 수도 있다.

아이슬란드의 국토 면적은 102,775제곱킬로미터로, 전 세계 국토 면적 순위에서 대한민국보다 한 계단 높은 108위에 랭크 되어 있다. 즉, 링로드 여행은 우리나라를 한 바퀴 도는 여정과도 마찬가지다. 중간에 볼 것도 많아 최소한 7박 8일은 잡아야 한다. 제주도를 한 바퀴 도는 것과는 비교도 안 되는, 만만찮은 여행인 셈이다.

아이슬란드 링로드 여행은 최소 1주일이 걸리는

강행군이다(링로드 1주일 일정표 참고). 중간에 고래 투어와 오로라 헌팅 때문에 일정이 조금 바뀌었지만, 대체로 일정을 따랐다. 10월 초의 아이슬란드는 금방 어두워지기 때문에 이동 시간을 고려해 일정을 짜는 것이 무척 중요했다.

사실 링로드 여행 중에 했던 고래 투어라던가 오로라 헌팅 등은 주요 관광지가 몰려 있는 섬 남서부에서 모두 할 수 있는 것들이기도 하다. 그래서 가성비를 생각하면 링로드 여행은 추천하기가 어렵다.

그러나 아이슬란드의 대자연을 좀 더 깊이 있게 체험할 수 있다는 점, 소박한 아이슬란드의 작은 마을들을 둘러볼 수 있다는 점, 링로드 여행으로만 볼 수 있는 여행지들도 있다는 점을 감안하면, 링로드 여행의 매력도 충분하다고 할 수 있다.

링로드 여행의 단점은 일정이 길어지기 때문에 비용이 많이 든다. 대부분의 관광지는 남서부에 위치해 있기 때문에, 굳이 링로드 여행이 아니라도 즐길 수 있다.

링로드 여행을 생각하고 있다면 링로드 여행의 장

단점을 잘 고려해봐야 할 것이다. 결국 개인의 선택이지만, 일반적인 남서부 여행만 하더라도 아이슬란드의 60~70퍼센트는 충분히 즐길 수 있으므로 링로드 여행은 모두에게 추천할 만한 여행 방식은 아니다. 그러나 개인적으로 섬을 한 바퀴 도는 여행은 하나의 도전이었고, 아름다운 아이슬란드의 자연과 함께한 그 시간들은 아직까지도 최고의 추억으로 남아 있다.

링로드 여행 10일 일정 짜는 요령

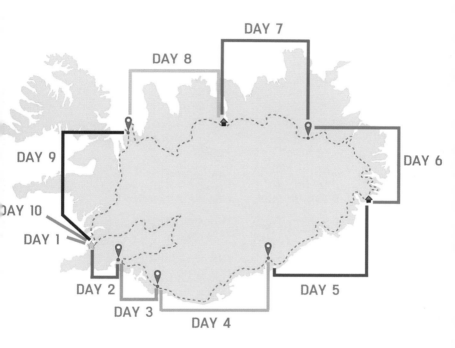

1. 방문할 날짜와 장소, 그리고 이동 거리를 체크한다.
2. 적당한 숙소 또는 캠핑장이 있는지 확인한다.
3. 방문하는 장소에서 가볼 만한 명소를 선정한다.

링로드 여행 일정표

일자	날짜	이동	일정	이동 시간	숙소
0	10/7	마이애미 공항	비행기 탑승 4:10 PM		
1	10/8	아이슬란드 케플라비크 공항	아이슬란드 도착 4:10 AM		비크
		공항에서 레이캬비크	차 렌탈 및 아침 식사	40	
		싱벨리어 국립공원	국립공원 구경	35	
		하우카달루르 계곡	간헐천 구경	50	
		굴포스	3대 폭포 중 하나	10	
		케리드	분화구	50	
		셀랴란드스포스	뒤로 들어갈 수 있는 폭포	70	
		스코가포스	폭포	10	
		디르홀레이 아치	멋진 절벽	30	
		비크	숙소/오로라 헌팅	40	
2	10/9	비크에서 레이니스드랑가	검은 해변. 주상절리 동굴		회픈
		스카프타펠 공원	빙하 하이킹 투어 3시간 (1인당 96달러)	120	
		호프스키르캬(Hofskirkja)	물로 덮인 희한한 교회	20	
		요쿨살론	보트 투어 (Zodiac Tour Amphibian 보트 투어가 가장 저렴. 1인당 50달러 정도) 만약 이 날 못 갈 경우 10/10 일정에 넣을 것	30	
		다이아몬드 비치	아이스 해변	5	
		회픈	숙소/오로라 헌팅	60	
3	10/10	에이일스타디르	마을 (월터 도로 찾을 것)	170	에이일스타디르
		세이디스피외르뒤르	엄청 아름다운 마을, 노래하는 등 조형물.	30	
		에이일스타디르	숙소/오로라 헌팅	30	

4	10/11	아스뷔르기	절벽, 협곡	170	후사비크
		데티포스	폭포 3대 폭포 중 하나	60	
		흐베리르	외계 행성 지형	40	
		딤무보르기르	신기한 돌산	20	
		미바튼	호수	30	
		크라플라	화산 분화구 (시간 남으면 호수에서 40분 정도 거리)		
		고다포스	신의 폭포, 3대 폭포 중 하나	40	
		후사비크	숙소/오로라 헌팅	40	
5	10/12	후사비크	웨일 와칭 투어 (1인당 100달러)		블론듀오스
		아퀴레이리		70	
		시글뤼피외르뒤르	멋진 산이 있는 마을	70	
		트롤라스카기	이쁜 등대와 멋진 절벽	10	
		호프소스	지나가는 조그만 마을	50	
		블론듀오스	숙소/오로라 헌팅	70	
6	10/13	블론듀오스			아르나르스타피
		에이릭스스타디르	바이킹 하우스	120	
		키르큐펠		120	
		듀팔론스산뒤르	검은 해변	50	
		바크쉘리르 동굴	동굴 탐험 (1인당 31달러)	10	
		헤틀나르		10	
		아르나르스타피 해안	숙소/오로라 헌팅	10	
7	10/14	레이캬비크		130	레이캬비크
8	10/15	블루 라군	온천	40	
		레이캬비크 시내		40	레이캬비크
9	10/16	아이슬란드 케를라비크 공항	비행기 탑승 6:45 PM 마이애미 도착 11:00 PM	40	Home

아이슬란드는 다른 여행지들과 비슷하게 보통 여름이 성수기이고 겨울이 비수기이다. 가장 따뜻한 7월의 평균 온도는 섭씨 12도 정도이고, 12월과 1월은 섭씨 1도 정도로 우리나라에 비해 기온이 매우 낮은 편이다.

어느 시즌에 여행을 할지는 전적으로 여행의 목적에 달려 있다. 아이슬란드의 아름다운 자연을 즐기고 싶다면 여름에 여행을 하는 것도 괜찮다. 여름에도 빙하 투어와 같은 인기 있는 투어를 즐길 수 있기 때문이다.

그러나 오로라를 보는 것이 목적이라면, 여름보다는 가을을 추천한다. 여름에도 물론 오로라를 볼 수 있는 가능성이 있지만, 한밤중에도 하늘이 계속 밝은 백야 현상 때문에 거의 불가능하다. 따라서 오로라를 보고자 한다면 10월 정도에 여행할 것을 추천한다.

또한 10월이 지나면 이미 아이슬란드 관광은 비수기에 접어들기 때문에, 비용도 저렴해지고 관광객도 덜 북적인다. 다만 11월부터는 기온이 급격하게 내려가고 관광지 중에는 겨울에 운영하지 않는 곳들도 있기 때문에 겨울보다는 가을을 추천한다.

링로드 여행, 어떻게 해야 할까?

먼저 렌터카와 숙소를 정해야 한다.

골든 서클을 비롯해 남서부의 주요 관광지만 보는 일정이라면 렌터카보다는 여행사를 통해 투어 버스로 이동하는 것이 훨씬 효율적이다. 그래서인지 남서부를 여행하는 동안에는 투어버스를 흔하게 볼 수 있었다.

그러나 링로드 여행에 렌터카는 선택이 아니라 필수다. 기차나 고속버스 등의 이동수단이 마땅치 않고, 여행 중간에 일정을 바꿀 수 있으려면 최대한의 기동성을 확보해야 하기 때문이다.

숙박의 경우 수도인 레이캬비크를 제외하고는 호텔이라 부를 만한 것이 마땅치 않은 작은 마을들이 많다. 유럽에서 흔한 배드 앤 블랙퍼스트(Bed and Breakfast, B&B)도 비수기인 10월 초였음에도 불구하고 마음에 드는 합리적인 가격의 숙소를 찾기가 쉽지 않았다.

한참의 조사 끝에, 아이슬란드를 여행하는 또 다른

방법을 찾아냈다. 바로 많은 이들이 아이슬란드에서 '캠핑여행'을 즐기고 있었던 것이다. 호텔이나 비앤비 대신, 아이슬란드 전역에 위치한 캠핑장에서 숙박을 해결하는 방식이었다.

아이슬란드 전역에는 250개가 넘는 캠핑장들이 존재한다. 일부 캠핑사이트는 공짜이지만, 샤워 시설과 같은 편의시설이 구비되지 않은 경우도 있다. 대부분의 캠핑장들은 1만원~3만원 정도의 이용료가 있지만, 샤워실과 같은 편의시설이 구비되어 있어 편리했다.

캠핑장의 정보는 www.camping.info라는 사이트에서 찾아볼 수 있다. 유럽 전역의 캠핑장들을 찾아볼 수 있는 웹사이트인데, 아쉽게도 한국어는 지원하지 않는다. 영어를 지원하고 웹사이트 사용이 그렇게 어렵지 않기 때문에, 조금만 노력해보면 캠핑장들을 쉽게 찾을 수 있다.

링로드 여행 동 머물렀던 차박 캠핑장

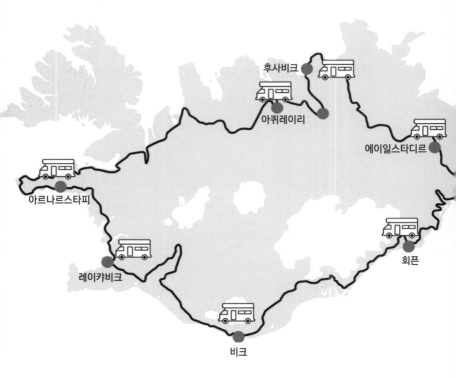

후사비크

아퀴레이리

에이일스타디르

아르나르스타피

회픈

레이캬비크

비크

126

링로드 여행을 위한 주요 캠핑장 위치

Korpudalur HI Hostel
Þingeyraroddi Camping Ground

Melanes campsite

Grettislaug Campsite in Reykhólar

후사비크

아퀴레이리

Heiðarbær

Campsite Ólafsvik

Camping Varmahlíð

Camping Hamrar
Systragil Camping Ground

미바튼

에이일스타디르

Camp Egilsstadir

아르나르스타피
Akranes tjaldsvæði

Reykjavik Eco Campsite

Mosskogar Camping

레이캬비크

Camping Geysir
Reykholt Campsite

Tjaldsvæði Svinafelli

Fossardalur Campsite

회픈

Strandakirkja Camping
Eyrarbakki campsite

Þakgil

비크

★ 캠핑장 정보 사이트 www.camping.info에 들어가서 Beliebte
Regionen 메뉴에 들어가면 캠핑하기 좋은 장소들이 A부터 Z까지
정리되어 있다.

아이슬란드에서 캠핑 여행 방식

첫 번째, 캠핑카를 빌리는 방법

캠핑카를 빌리는 것의 장점이라면 역시 편의성과 프라이버시라고 할 수 있다. 굳이 캠핑장의 시설을 사용하지 않더라도 캠핑카 내부에서 샤워와 조리 등을 모두 해결할 수 있으니 무척 편리하다. 아이가 있는 가족들의 경우 캠핑카를 빌려 여행하는 것을 종종 보았다.

그러나 우리는 가장 먼저 캠핑카를 옵션에서 제외했다. 우선 대부분의 캠핑카가 매뉴얼, 즉 수동 변속 차량이었다. 둘 다 1종 보통 면허가 있었지만, 매뉴얼 차량을 운전해 본 지가 벌써 10년도 더 되었기 때문에 운전이 어려울 거라 생각했다. 게다가 링로드 여행의 일부 구간은 비포장도로이고, 가파른 절벽 길도 있기 때문에 운전에 아주 능숙하지 않다면 캠핑카는 위험한 선택이 될 수도 있다. 아이와 여행을 하고, 길이 잘 포장되어 있는 아이슬란드 남부만 여행하겠다면 괜찮은 선택일 수도 있을 것이다.

두 번째, 렌터카와 텐트의 조합

텐트를 차에 싣고 다니며 캠핑장에 텐트를 설치하고 숙박을 해결하는 방식이다. 유럽에서 온 상당히 많은 수의 여행자들이 선택하는 방식이었는데, 10월의 아이슬란드는 영하로 내려가지는 않지만 상당히 춥기 때문에, 캠핑에 익숙하지 않은 이들이라면 추천하는 방식은 아니다.

우리 또한 캠핑에는 문외한이나 마찬가지였기 때문에 결국 이 방법을 택하지 않았다. 캠핑에 경험이 많다면 이 방법도 좋을 것이다.

세 번째, 캠퍼밴을 빌리는 방법

캠퍼밴이란 미니밴의 뒷좌석을 개조해 미니 캠핑카처럼 만든 것이다.

뒷자석의 의자를 들어내거나 접어서 매트리스를 깔 수 있도록 만들었는데, 많은 수납 공간을 자랑하고 밤새 문제없이 돌아가는 히터를 별도로 설치해놓았다.

캠핑카와 비교하자면 차량 내부에 샤워실, 화장실, 부엌 등이 없기 때문에 캠핑장에서 편의시설을 이용해야 하는 단점이 있지만, 오토매틱 차량이다 보니 운전하기가 훨씬 편했다.

쉽게 말하면 첫 번째 방식과 두 번째 방식의 중간이라고 볼 수 있다. 캠핑카만큼의 편의성은 없지만 텐트보다는 훨씬 편하고, 가격 또한 캠핑카보다는 저렴하지만 렌터카와 텐트의 조합보다는 비쌌다. 그렇지만 캠퍼밴의 깜찍한 외모와 다른 곳에서는 쉽게 접할 수 없는 여행 방식이라는 점에서 우리는 크게 고민하지 않고 캠퍼밴을 선택하게 되었다.

아이슬란드 캠퍼밴의 깜찍한 외모

캠핑 여행을 추천하는 이유는 바로 일정의 유연함이라고 할 수 있다. 숙소를 따로 잡지 않기 때문에 마음대로 일정을 변경하는 것이 가능했다. 여행을 하는 내내 오로라 상황을 실시간으로 체크하고 있었는데, 오로라를 볼 수 있는 확률이 가장 크다고 판단했던 6일차, 모든 일정을 취소하고 오로라를 보러 갔다. 오로라를 본 후에는 근처의 캠핑장에서 숙박을 해결했다. 숙소가 정해져 있었다면 불가능했을 것이다.

또한 비용을 많이 아낄 수 있다. 아이슬란드는 악명 높은 물가로도 유명하다. 혼자 먹어도 부족할 굴라시 작은 컵 하나가 당시 돈으로 2만 5천 원이 넘었으니, 식사만 직접 해결해도 많은 돈을 아낄 수 있다. 또한 레이캬비크를 벗어나면 제대로 된 식당이 없는 마을도 허다하다. 어떻게 보면 링로드 여행을 하는 데 캠핑 여행은 선택이 아닌 필수일지도 모르겠다.

그러나 아무리 관리가 잘 된 캠핑장이라 하더라도,

많은 이들이 이용을 하다 보니 청결도에는 한계가 있었다. 비수기인 10월에도 레이캬비크 주변의 큰 캠핑장들은 아주 깨끗하다는 느낌을 받지 못했으니, 성수기에는 훨씬 더러울 것이다. 청결한 환경을 중시하는 여행자라면 캠핑 여행은 아주 힘든 선택이 될 수 있다.

이렇게 링로드 여행을 하는 방법들에 대해 정리를 해봤다. 결국 선택은 개인의 몫이다. 그러나 무슨 방법을 선택해 여행하더라도 아이슬란드는 너무 아름답기 때문에 결코 후회하지 않을 여행이 될 것이다.

여행 방법	렌터카+숙소	캠핑카	캠퍼밴	렌터카+텐트
비용	가장 비쌈	비쌈	중간	가장 저렴
편의성	가장 높음	높음	중간	낮음
청결도	가장 높음	높음	중간	낮음
차량 종류	오토메틱/메뉴얼	메뉴얼	오토메틱/메뉴얼	오토메틱/메뉴얼
운전 난이도	쉬움	어려움	쉬움	쉬움
추천 대상	편안한 여행을 하고 싶은 분들께 추천. 그러나 링로드 여행 자체가 이미 편안함은 포기해야 한다고 봐야	가족단위 여행객. 매뉴얼 자동차 운전에도 자신 있는 분	아이가 없는 여행객에게 추천. 캠핑에 익숙하지 않은 분	아이가 없는 여행객에게 추천. 추운 데서 자는 캠핑에 익숙하신 분

아이슬란드 링로드 여행을 준비하면서 중요했던 점들을 정리해봤다.

1. 마음의 평화를 원한다면 자갈 보험에 가입하자.

아이슬란드에서는 렌터카를 빌릴 때 업체에서 자갈 보험(Gravel Insurance)을 가입할 건지 물어본다. 우리나라를 비롯해 미국에도 없는 보험의 종류라 상당히 생소한데, 운전 중에 자갈이 튀어서 차량이 손상되는 것에 대한 보험이라고 한다.

길이 잘 닦여 있는 아이슬란드 남부만 여행할 것이라면 상관없지만, 링로드 여행을 한다면 필수라고 본다. 비포장 도로도 상당하고 실제로 어떤 구간은 자갈이 마구 튀어 다니기 때문에, 마음의 평화를 얻고자 한다면 자갈 보험은 가입하길 권한다.

실제로 우리가 빌린 캠퍼밴의 앞 유리에 자갈이 날아와 박힌 자국이 남아 있었다. 자갈 보험을 가입했기 때문에 남부에서 북부로 넘어가는 최악의 비포장 도로 구간에서도 마음 편하게 여행을 할 수 있었다.

2. 햇반과 라면, 참치 등은 가능한 많이 챙겨가자.

링로드 여행을 할 때는 식당이 없는 마을을 지나가는 경우도 많고, 몇 개 없는 식당 또한 말도 안 되는 가격의 음식을 팔고 있다.

캠핑 여행의 장점이라면 역시 자체적으로 끼니를 해결할 수 있다는 점인데, 우리는 햇반과 라면을 거의 한 박스씩 가져가서 요긴하게 써먹었다. 물론 아이슬란드 슈퍼마켓 체인인 보너스(Bonus)에서 핫도그와 샌드위치 거리를 사서 여행 내내 요리를 해먹었지만, 추운 날씨에 라면과 밥이 없었다면 여행이 훨씬 힘들었을 것이다.

3. 무조건 커다란 보온병을 가져가자.

여행 중에 아주 요긴하게 써먹었던 다른 아이템은 다름 아닌 보온병이다. 우리는 스탠리(Stanley)사에서 나온 커다란 보온병을 가져갔는데, 캠핑장에서 끓인 커피나 티를 담아놓고 하루 종일 다니면서 마셨다. 날씨가 춥고 장거리 운전을 해야 하기 때문에 따뜻한 커피 한 잔이 절실하게 당길 것이다.

4. 소금, 후추, 케첩, 머스터드 등은 사지 말고 캠핑장에서 챙기자.

이건 여행을 하는 도중에 알게 된 사실인데, 캠핑장에 가보면 취식을 하는 곳 근처에 커다란 선반이 있고, 그 선반 위에 각종 향신료나 케첩, 머스터드와 같은 소스들이 놓여 있는 것을 쉽게 볼 수 있다.

여행자들이 슈퍼마켓에서 산 케첩 한 통을 캠핑 여행 중에 다 쓰는 경우가 무척 드물다 보니, 이렇게 공간을 마련해 서로 공유할 수 있도록 해놓은 것이다. 큰 캠핑장에 유달리 많은데, 양이 조금밖에 남아 있지 않다면 하나 정도는 챙겨도 무방하다. 우리도 머스타드 소스를 샀다가 남아서 결국 캠핑장에 기증(?)하고 왔다. 아무래도 남들이 쓰던 것이라 아주 위생적이라고 할 수는 없겠지만, 소소하게 비용을 아낄 수 있다.

5. 오로라를 보기 위한 어플을 미리 깔자.

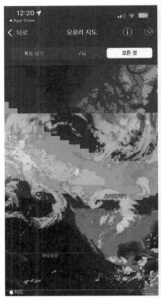

오로라를 보기 위해서는 세 가지를 고려해야 한다.

첫 번째로 오로라의 활동 레벨을 봐야 한다. 오로라 활동 레벨이 낮거나 아예 활동하지 않는 경우에는 당연히 오로라를 보기가 어렵다.

두 번째로는 날씨다. 오로라 활동 레벨이 아무리 높다 하더라도, 구름이 잔뜩 끼어 있으면 오로라를 보기 어렵다. 따라서 먼저 오로라 활동 레벨을 파악하고, 구름이 없는 지역으로 이동하는 것이 오로라를 볼 수 있는 가장 좋은 방법이다.

오로라 어플 로 보는 오로라 지도. 이 지도에서는 알래스카 지역에서 오로라를 볼 확률이 높아 보인다.

몇 가지 오로라 어플이 있는데, 대부분 괜찮았다. 그중에 'My Aurora Forecast & Alerts'라는 어플을 추천한다. 한국어도 지원하고, 오로라 활동 레벨과 구름 정도를 한 번에 보여주기 때문에 매우 편리하다.

마지막으로 빛이 중요하다. 아무리 오로라 활동 레벨이 높고 구름이 없다 한들 빛이 훤한 대낮에는 오로라를 볼 수가 없다. 여름에 오로라를 보기가 겨울보다 힘든 이유는 단순히 낮이 길기 때문이다.

같은 밤이라도, 레이캬비크 시내보다는 인공적인 빛이 적은 외곽에서 오로라를 볼 수 있는 가능성이 높다. 오로라 헌팅을 전문적으로 제공하는 업체에서는 빛을 피해 심지어 바다로 나가는 경우도 있었다.

이렇게 조건이 까다롭기 때문에, 아이슬란드 여행을 하더라도 오로라를 보지 못할 가능성이 크다. 일정이 자유로운 캠핑 여행이라면 물론 날씨 상황에 따라 유연하게 일정 변경이 가능하므로 오로라를 볼 수 있는 가능성도 커진다. 텐트 안에 누워 하늘에 펼쳐진 오로라를 보는 것은 영원히 기억될 추억으로 남을 것이다.

6. 좋은 카메라와 삼각대를 준비하고 사진 찍는 기술을 미리 연습해 놓자.

오로라를 실제로 보면 벅찬 감격이 느껴진다. 하늘

을 수놓은 하얀색 커튼이 춤을 추기 때문이다.

그런데 '하얀색 커튼'이라니? 실제로 오로라를 보면 사진에서 보는 것처럼 초록색이 아닌, 하얀색에 초록빛과 붉은빛 등이 섞인 색으로 보인다. 사람의 감각이 카메라와 같은 기계와 다르기 때문이다. 게다가 아무리 휴대폰으로 사진을 찍어도 밤하늘만 찍힐 뿐, 제대로 찍히지 않는다.

이는 DSLR과 같은 카메라도 다르지 않은데, 오로라 자체에서 나오는 빛이 약하기 때문에, 찍는 법을 익히지 않고 가면 막상 오로라가 하늘에 출렁거리는데 사진 한 장 못 건지는 불상사를 겪을 수 있다.

야경을 찍을 때 삼각대가 필수이듯, 오로라를 제대로 찍으려면 삼각대는 무조건 가져가야 한다.

기본은 장노출(높은 셔터 스피드)과 낮은 ISO 설정이다. 인터넷을 검색해 보면 오로라 사진 찍는 요령을 쉽게 찾아볼 수 있지만, 사용하는 카메라 기종에 따라 다를 수 있기 때문에 찾아보고 연습까지 해보는 것을 추천한다.

또한 오로라 사진뿐 아니라 폭포를 찍을 때도 요령

이 있으면 좀 더 멋진 사진을 찍을 수 있다. 사진이 여행의 전부는 아니지만, 작은 공부만 하더라도 훨씬 멋진 사진을 추억으로 남길 수 있다.

7. 렌터카 회사에서 취사도구를 같이 빌려준다. 예약 전에 미리 문의하자.

우리가 캠퍼밴을 빌렸던 렌터카 회사에서 각종 취사도구를 비롯해 휴대용 가스버너와 아이스박스까지, 캠핑에 필요한 모든 장비를 함께 대여해주었다. 덕분에 프라이팬이나 식기류 같은 것들을 따로 챙길 필요 없이 짐을 줄일 수 있었다. 다만 설거지 또한 시간이

상당히 들기 때문에, 일회용 접시와 포크 등을 별도로 챙겨갔다.

부탄가스는 반드시 주유소에서만 구매할 수 있다. 가스 버너에 들어가는 부탄가스가 떨어져 슈퍼마켓에 가봤지만, 아무리 찾아봐도 없어서 몇 시간을 낭비하고 말았다. 부탄가스를 무조건 주유소에서만 팔게 한 유럽의 규제 때문인데, 미세먼지 같은 팁이지만 우리처럼 시간 낭비하지 말고 주유소를 찾아보자.

8. 영화나 드라마에 나왔던 장소를 미리 알고 가면 훨씬 재미있다.

아이슬란드는 세상 어디에도 없는 독특한 자연환경 때문에 여러 영화와 드라마의 촬영지로도 유명하다.

〈월터의 상상은 현실이 된다〉에 나왔던 아름다운 도로를 실제로 달리면 색다른 느낌이 든다. 〈인터스텔라〉에 나왔던 빙하 위를 직접 걸어보고, 〈왕좌의 게임〉에 나왔던 협곡들을 걸어보면 마치 영화나 드라마 안에 들어온 느낌도 든다. 역시 모르고 가는 것보다 알고 가는 것이 훨씬 즐거운 여행이 될 것이다.

9. 최대한 스트레스 받지 말고 즐겨라!

여행 일정을 잡는 것부터 만만치 않은 여행 비용까지, 자칫 잘못하면 여행을 시작하기도 전에 스트레스를 받기 쉽다. 그렇게 스타트를 끊으면 여행을 즐기기보다는, 여행을 완수해야 하는 과제로 받아들이게 된다.

우리가 캠퍼밴을 선택한 것도 숙소를 찾고 체크인 시간에 맞춰 숙소에 도착해야 하는 스트레스를 줄이기 위한 한 가지 방편이기도 했다. 직접 음식을 해 먹은 것도 결국 식당을 찾아야 하고 식비를 고려해야 하는 스트레스를 줄여주었다.

물론 어느 정도의 계획은 필요하다. 그러나 지나친 계획은 오히려 아이슬란드의 아름다움을 즐기는 데 방해가 된다. 계획은 세우되, 뺄 건 빼고 더할 건 더할 수 있는 유연함을 발휘해 여행을 최대한 즐기도록 하자.

10

여행의 기술

세상은 넓고 고수는 많다. 여행도 마찬가지. 세계일주를 한 커플이나 자전거로 대륙을 횡단하는 사람도 있다. 그런 고수 축에도 못 끼지만, 30여 개국을 다녔으니, 어느 정도 노하우는 있다고 자부한다. 고수들의 비법도 좋지만, 보통 여행객의 니즈에 맞는 팁을 몇 가지 전하고자 한다.

맛집은 호텔 직원이나 상점 종업원에게 물어보자

사례 1) 체코 프라하에서 점심을 먹기 위해 가이드북에 나온 식당을 찾았다. 분명 현지인에게도 유명한 맛집이라고 했는데, 들어가 보니 한국 사람들만 바글거려 그 익숙함에 깜짝 놀라 도망쳐 나왔다.

사례 2) 뉴욕에서 유명하다는 식당을 블로그를 보고 찾아갔다. 네 명이 600달러 넘게 나올 정도로 비싼 스테이크 집이었다. 그러나 명성에 걸맞지 않게 맛은 형편없었다. 차라리 집에서 직접 구워 먹는 게 더 맛있을 정도였다.

왜 그럴까? 이유는 간단하다. 가이드북 저자와 블로그 저자들은 그 지역에 살지 않는 경우가 종종 있다. 그러다 보니, 그 지역의 모든 식당을 섭렵하기 어렵다. 그래서 자신이 갔던 식당을 맛집으로 소개하고(맛이 없지는 않았으니까!) 그걸 보고 사람들이 많이 찾아가고, 그러다 보니 식당이 한국인들에게만 유명해져 버리는 현상이 일어난다. 게다가 맛집은 늘 변하는 법.

대한민국에서 맛집을 가장 잘 아는 이들은 누굴까? 다름 아닌 늘 비슷한 생활 반경을 가진 직장인들이다. 일상의 유일한 즐거움인 '점심시간'을 어디에서 보내는지보다 중요한 것은 없다. 웬만하면 맛집 서너 군데 정도는 꿰고 있기 마련이다.

우리가 잊고 있는 하나는, 바로 여행 중 마주치는 호텔 직원이나 상점 종업원들 또한 직장인이라는 사실이다. 맛집을 잘 알고 있을 확률이 높다. 주저 말고 맛집 추천을 부탁하자. 아마 침을 튀겨가며 알려줄 것이다. 머물고 있는 호텔의 직원이라면 맛집을 다녀와서 따봉을 하나 날려주자. 서비스의 질이 달라질 것이다.

액티비티, 할까 말까 고민될 때는 무조건 해라

자유여행객들은 늘 고민한다. 예산이 한정되다 보니 보트 투어라던가 스쿠버 다이빙 같은 비싼 액티비티들은 늘 할까 말까 고민의 대상이다. 그러나 나는 이렇게 말하고 싶다. 경험이 주는 가치를 돈으로 대신할 수는 없다고.

대학교 새내기 시절, 배낭 하나 짊어지고 유럽으로 떠났다. 15년도 더 된 일이지만 하루 예산이 숙박 포함 4만 원 안팎이었으니, 식사는 대부분 맥도날드에서 해결하고, 식당에서 잼과 버터를 가져와 빵만 사서 발라 먹고 다녔다. 좋은 경험이었지만, 남는 게 별로 없었다.

유럽의 거리만 걷고(걷는 것은 공짜), 성당을 구경하고(성당도 공짜), 박물관을 다니면(기부 입장료는 내지 않는다) 좋을까? 예쁜 사진은 많이 건지겠지만 금세 지루해지고 남는 것도 없다. 여행의 깊이도 한없이 얕아 그냥 몸만 다녀온 느낌만 든다. 오죽하면 남는 건 '사진뿐'

이라고 하겠는가.

해외여행의 가치는 한국에서 할 수 없는 '새로운 경험'을 하는 데 있다. 비싼 비행기값 썼으니 다른 데서 아낀다고? 잘못된 생각이다. 비행기값은 그저 내 몸을 한국에서 외국으로 옮기는 역할밖에 하지 않는다. 여행은 여행지에 도착한 후부터가 진짜 시작이다. 그리고 경험이야말로 여행의 가장 큰 선물이다. 경험을 얻을 수 있는 기회는 절대 아끼지 말자.

질러라. 그럼 얻을 것이다.

여행, 혼자 가지 말자.

혼자 하는 여행. 듣기만 해도 설레고, 뭔가 나 자신을 발견하는 시간이 될 것만 같다. 좋다. 다 좋은데, 여행은 혼자 가면 손해 막심이다. 외롭기도 하지만 현실적인 이유도 존재한다.

먼저, 혼자 하는 여행은 비싸다. 1인당 숙박료를 받는 유스호스텔이나 게스트하우스는 모르겠지만, 에어비앤비나 호텔은 방당 숙박료를 받기 때문에 한 명이나 두 명이나 비용이 같다. 즉, 두 명이 여행을 하면

둘로 나눌 수 있다(물론 부부는 제외). 또한 렌터카를 빌린다던가, 에어비앤비 숙소에서 밥을 해 먹는다던가 할 경우에도 한 명보다 여러 명이 하는 것이 훨씬 저렴하다.

다음으로 혼밥은 다양성이 떨어진다. 무슨 말이냐 하면, 메뉴를 여러 개 주문해 나눠 먹을 수가 없다는 말이다. 해외여행의 백미 중 하나는 당연 현지에서 먹는 음식이다. 그런데 나 홀로 여행자는 네 가지 서로 다른 메뉴를 시키기가 어렵다. 게다가 여럿이 먹으면 더 맛있다. 먹으면서 서로에게 "헐, 대박!"을 날려주면 자연스레 식사의 경험이 기억 속에서 업그레이드 된다.

또한 혼자 여행하면 인생샷을 건지기 어렵다. 지나가는 외국인에게 부탁하면 되지 않냐고? 우연히 걸린 사람이 전문 포토그래퍼가 아니라면 퀄리티를 기대하지 말자. 사진이 마음에 안 들어도 다시 찍어달라고 하기 어려운 건 덤.

마지막으로 혼자 여행하는 것은 위험할 수 있다. 둘이라고 덜 위험한 것은 아니지만, 그래도 훨씬 낫다.

서로 짐이라도 맡아줄 수 있지 않은가.

조금이라도 공부하고 가자.

아는 만큼 보이는 법이다. 해박한 가이드의 설명을 들으면서 여행을 하지 않는 이상, 현지 문화와 예술에 대해 조금이라도 더 공부를 하면 여행이 훨씬 풍성해진다.

카프카의 《성》이나 《변신》을 읽고 프라하 성 황금소로의 카프카 생가를 찾아가는 것과, 다들 가니까 따라가는 것에는 큰 차이가 있다. 조그만 카프카의 생가를 보면 안개가 잔뜩 낀 저녁, 깜빡이는 촛불에 의지해 몸을 수그리고 단편 《성》을 쓰고 있는 카프카의 모습을 상상해볼 수 있다. 소설을 읽지 않으면 그냥 무심하게 지나칠 모습이다.

관련 영화를 보고 가는 것도 좋다. 영화 〈까미유 끌로델〉을 보고 로뎅 박물관을 찾아가자. 까미유 끌로델의 조각에서 광기에 가까운 천재성을 엿볼 수 있고, 로뎅의 조각에서 대가라고 불리지만 사실은 자신이 운 좋은 범재일지도 모른다고 고뇌하는 모습이 보이는 것도 같다. (내가 로댕이라면 까미유를 보고 그렇게 느꼈을 것이다!) 그러면서 드뷔시의 피아노 곡을 들으면서 천재를 사랑한 음악가의 낭만도 느껴볼 수 있다. 영화 한 편이, 무미건조하게 느껴질 수 있는 조각 박물관의 경험을 완전히 바꿀 수 있는 것이다.

이미 여행을 다녀왔다고 해서 아쉬워할 필요는 없다. 아직 여행지의 정취가 생생할 때 영화나 책을 보자. 영화와 책의 향기가 달라질 것이다.

마지막으로, 즐겨라.

여행은 무엇보다도 즐거워야 된다.

미안한 말이지만 내성적이고 소극적인 사람의 여행은 외향적이고 적극적인 사람의 여행보다 무언가 하나가 부족하다. 내가 내성적이고 소극적이었기 때문에 아쉬워서 하는 말이다.

여행지에서 축제를 하면 어설프더라도 사람들이 추는 춤을 따라 해보자. 눈치 볼 필요 없다. 어차피 다시 만날 사람들도 아닌데 왜 눈치를 보는가?

내 친구 한 명은 프리미어리그 경기를 직관했다. 보

통 팀마다 응원가 같은 게 존재하는데, 그 친구는 가사도 모르면서 따라 불렀다. 그러자 옆에 있던 영국인 서포터가 노래 가사를 적어가면서 알려줬다고 한다. 경기가 훨씬 재미있는 건 당연지사. 끝나고 같이 펍까지 갔다. 최고의 추억이 된 것은 물론이다.

여행이란 또 다른 나를 찾아가는 여정이라고 볼 수 있다. 그러니 평소 소극적이었다면, 여행에서는 다른 나를 발견하도록 해보자. 절대 후회하지 않는 여행이 될 것이다.